MINISTÈRE DES AFFAIRES ÉTRANGÈRES
SOUS-DIRECTION DE LA COOPÉRATION LINGUISTIQUE ET ÉDUCATIVE
CENTRE DE LINGUISTIQUE APPLIQUÉE
UNIVERSITÉ DE FRANCHE-COMTÉ, BESANÇON

Claude LE NINAN

le français des AFFAIRES

LIVRE DE L'ÉTUDIANT

L'auteur remercie le personnel des sociétés :
Cial, Cobra, L'Amy, M2R, Serge Bastien Communications,
SM2E, TNT Express Worldwide,
ainsi que le Centre de Calcul de l'Université de Franche-Comté,
et le Conseil Régional de Franche-Comté
pour avoir accepté de participer au tournage des films,

et Chandhana Sirivallop, pour sa relecture des épreuves.

Couverture : SG Création - Conception graphique : Studio Coline
Plans pages 162 et 165 : Xavier Hüe

 ISBN 2-278-04272-6 Imprimé en France

Sommaire

INTRODUCTION

Remarque : Les pages qui suivent sont destinées aussi bien aux professeurs utilisant *Le Français des Affaires par la vidéo* dans une classe qu'aux apprenants travaillant en autonomie. Leur lecture est recommandée pour pouvoir tirer le meilleur parti de cet ensemble didactique.

Le Français des Affaires par la vidéo s'adresse à des professionnels :
dirigeants d'entreprises, cadres, commerciaux, ainsi qu'à des étudiants qui se destinent à des carrières en relation avec le monde des affaires francophone.

Son objectif est de permettre à ce public :
– d'acquérir ou de perfectionner la maîtrise du français tel qu'il est utilisé dans le milieu des affaires ;
– de découvrir comment fonctionnent des entreprises françaises et ainsi de mieux comprendre les comportements culturels des hommes et des femmes d'affaires français.

Cet ensemble didactique peut être utilisé par des apprenants de niveau intermédiaire ou avancé en français langue étrangère, dans le cadre d'un cours ou en autonomie, ceci grâce à la conception de la majeure partie de ses activités pédagogiques, et à la présence de corrigés, de transcriptions de la bande son et d'un lexique des termes difficiles.

Le Français des Affaires par la vidéo se compose :
– de deux cassettes vidéo au format VHS, d'une durée totale de cent minutes ;
– d'un livre de l'étudiant contenant des conseils d'utilisation (cf. p. 6) des activités et leurs corrigés.

1 CONCEPTION ET CONTENU DES FILMS

Les huit films de la série sont conçus de façon à donner une vue représentative, tant des domaines d'activité des affaires, que des discours que tiennent les professionnels des dits domaines.

Le premier objectif est atteint grâce à la découverte, à travers chaque film, des activités d'une entreprise dans les domaines suivants : industrie, commerce, services (sept entreprises au total).
Le second objectif est atteint, lui, grâce au choix, comme acteurs, de professionnels des affaires (trente au total), filmés dans deux situations de communication : interviews et simulations, qui génèrent des discours distincts et complémentaires (nous entendons par "simulation" toute séquence qui met en scène des professionnels des affaires dans l'exercice de leur métier. Il peut s'agir, selon les cas, d'une réunion interne à l'entreprise, de la présentation d'un produit, ou d'une négociation entre un fournisseur et un client).

La langue utilisée par les professionnels filmés est de type "semi-spontané" : les interviews et simulations ont été préparées au niveau des contenus, mais non au niveau des dialogues, qui conservent ainsi la plupart des marques propres au discours oral spontané : pauses, hésitations, reprises, etc.

Chaque film, d'une durée comprise entre 8'28 et 16'03, est constitué d'une série de séquences (de trois à six selon les cas) d'une durée moyenne de 2'30.

Les séquences, le plus souvent annoncées par une page d'intertitre accompagnée d'une illustration musicale, sont conçues comme des unités qui font l'objet d'une série d'activités pédagogiques.

Le repérage du début des films et de leurs séquences est facilité par la présence sur l'image, en haut et à gauche, d'une horloge dont le fonctionnement est indépendant de celui du magnétoscope utilisé (les temps indiqués ont été enregistrés lors de la copie de la cassette VHS).

Sept des huit films (l'exception étant constituée par le film "CIAL 2") débutent par une "séquence initiale de présentation" (sans intertitre) sous forme d'interview, qui a pour objectif, comme son nom l'indique, de présenter l'entreprise : son métier, son histoire, des données significatives. Les films se poursuivent, soit par d'autres interviews, soit par des simulations, qui présentent des aspects plus spécialisés des activités de l'entreprise.

La relation entre le son et l'image varie selon les types de séquences : dans les interviews, des images d'illustration sont parfois utilisées afin de permettre la visualisation des informations dont il est question, ceci afin de faciliter l'accès au sens.

2 *CONCEPTION ET CONTENU DU LIVRE DE L'ÉTUDIANT*

Le livre de l'étudiant contient :

– des activités pédagogiques pour chacun des huit films, conçues séquence par séquence, celle-ci constituant l'unité de base des films ;
– la transcription intégrale de la bande son de chaque film ;
– un lexique des mots et expressions jugés difficiles, donnant leur signification en contexte ;
– les corrigés des activités.

Les activités pédagogiques proposées sont regroupées en quatre familles, en fonction de l'objectif poursuivi. Ce sont, dans l'ordre, les activités de : **Repérages, Compréhension, Exploitation, Communication.** Le classement adopté correspond à celui d'une démarche qui part de la compréhension pour aboutir à la production.

Les activités classées sous le terme **Repérages** ont pour objectif une première approche sélective du sens, en proposant des exercices d'attention visuelle et/ou auditive, selon ce qui est le plus intéressant dans la séquence. Cette première étape doit être considérée comme une mise en train et une préparation aux activités de compréhension.

Les activités qui apparaissent sous le terme **Compréhension** visent à vérifier ce qui a été compris, après visionnement complet (image et son) d'une séquence.

Les items, si l'apprenant en prend connaissance avant de regarder la séquence, ce que nous conseillons, permettent également d'orienter son attention vers certains des aspects essentiels du message. Les exercices proposés permettent un travail tant au niveau général que particulier du sens.

Les activités du type **Exploitation** ont pour but de faire découvrir à l'apprenant le fonctionnement du discours des affaires à travers l'étude et le réemploi contraint de certains de ses éléments les plus caractéristiques, ces éléments pouvant être de nature lexicale (mots et expressions spécialisés), grammaticale (connecteurs par exemple) ou communicative (actes de parole).

Les activités regroupées autour du terme **Communication** ont pour objectif de faire pratiquer aux apprenants la communication professionnelle, aussi bien à l'oral qu'à l'écrit.

Les jeux de rôles proposés se situent, pour une part, dans le prolongement de l'intrigue des films : on demandera par exemple aux apprenants de se mettre à la place du vendeur et de l'acheteur du film "M2R", et de reprendre la négociation là où elle s'arrête dans le film. Dans d'autres cas, les canevas sont plus ouverts, de façon à laisser aux apprenants plus de liberté quant à ce qu'ils souhaitent exprimer.

3 *CONSEILS D'UTILISATION*

On dispose, pour l'exploitation pédagogique de chaque film, des éléments suivants : activités (cf. la présentation qui vient d'en être faite), transcription de la bande son, lexique, ainsi que des résumés des films (p. 8).

L'unité de base des films et des activités pédagogiques qui y sont liées étant la séquence, *un film **ne devra pas** être visionné en totalité par les apprenants avant d'en avoir terminé l'exploitation séquence par séquence*, sous peine de rendre caduques certaines des activités proposées.

D'autre part, les séquences d'un film donné présentant une progression, soit au niveau des contenus, soit au niveau de l'intrigue, *il est conseillé d'exploiter les séquences dans l'ordre où elles sont présentées.*

Par contre, l'ordre d'exploitation des films peut être variable, et se faire en fonction des motivations et des besoins des apprenants (on trouvera à cet effet au début de chaque dossier la liste des points les plus importants traités dans chaque séquence).

La transcription de la bande son (qui ne comporte pas, sauf exception, de signes de ponctuation, étant donné le caractère oral du discours) est destinée à fournir une aide à l'apprenant lors des activités d'exploitation (repérage de connecteurs ou d'actes de parole, par exemple). Les barres obliques utilisées indiquent l'existence de pauses dans le débit des locuteurs.

La transcription peut également être utilisée comme aide à la compréhension lorsque l'écoute à partir de la cassette s'avère trop difficile. Il est conseillé, dans ce cas, de lire mentalement la transcription en même temps que l'on écoute la bande son de la cassette.

En tout état de cause, la transcription ne devrait jamais être consultée par l'apprenant avant visionnement d'une séquence.

Le lexique est destiné à fournir la signification, dans leur contexte d'utilisation, des termes jugés difficiles. Il contient, outre les termes qui apparaissent dans chaque film, un certain nombre de termes spécialisés utilisés lors des activités de type **Exploitation.**

Sauf cas décrit ci-après, *il ne devrait être consulté par les apprenants qu'après avoir tenté de faire les activités proposées.*

Le professeur pourra toutefois donner la signification de certains termes avant d'aborder les activités pédagogiques, s'il juge que leur incompréhension risque de rendre impossibles certaines activités.

Les résumés des films sont destinés avant tout au professeur. Ils lui permettent d'acquérir très rapidement les connaissances souhaitables à l'animation du groupe-classe. *Dans le cas d'une utilisation en autonomie, ils ne devraient jamais être consultés par les apprenants avant qu'ils aient terminé les activités du film auquel ils se rapportent.*

4 EXEMPLE D'UTILISATION

Nous nous proposons de montrer ici comment exploiter le film "SM2E".

Pour le professeur travaillant avec des apprenants :

1 lecture du résumé du film ;
2 visionnement complet du film (il se trouve sur la première cassette, débute à 14'46 et se termine à 26'38, cf. horloge), de façon à avoir une vue d'ensemble de celui-ci ;
3 consultation éventuelle de la transcription et du lexique ;
4 lecture des activités proposées et de leurs corrigés ;
5 lecture par les apprenants de l'activité **Repérages** de la première séquence du film ;
6 diffusion de la première séquence du film aux apprenants (elle commence à 14'46 et se termine à 17'13 à l'horloge) ;
7 réalisation par les apprenants de l'activité **Repérages** de la première séquence du film ;
8 correction de l'activité, en utilisant le corrigé.

La ou les séance(s) se poursuivra (ront) par la réalisation, selon les mêmes principes, des autres activités proposées pour la première séquence : **Compréhension, Exploitation, Communication** puis on passera à l'exploitation des autres séquences du film.

Pour l'apprenant travaillant en autonomie :

1 lecture de l'activité **Repérages** de la première séquence du film ;
2 visionnement de la première séquence du film (elle se trouve sur la première cassette, commence à 14'46 et se termine à 17'13 à l'horloge) ;
3 réalisation de l'activité **Repérages** de la première séquence du film ;
4 correction de l'activité, en utilisant le corrigé contenu dans le présent livret. La ou les séance(s) se poursuivra(ront) par la réalisation, selon les mêmes principes, des autres activités proposées pour la première séquence : **Compréhension, Exploitation, Communication,** puis on passera à l'exploitation des autres séquences du film.

COBRA, LEADER MONDIAL DU BRACELET-MONTRE

Séquence initiale de présentation (sans intertitre), interview

Daniel Boivin, Président-Directeur Général, retrace l'histoire de l'entreprise depuis sa naissance en 1974, parle de ses marchés, de ses implantations industrielles : à Besançon et à l'île Maurice, ainsi que des raisons qui ont amené la société à s'introduire en Bourse (sur le second marché).

Réunion technique, simulation

Jean-Claude Zuczeck, Directeur de fabrication, rencontre Daniel Boivin pour parler d'un projet d'augmentation de la production et des conséquences que cela va entraîner au niveau des investissements. Deux solutions sont envisagées. Daniel Boivin tranche en faveur de la seconde, qui implique un investissement moindre en machines neuves.

Réunion technique et commerciale, simulation

Jean-Luc Bianssan, Directeur commercial, réunit deux responsables du Service création et Monsieur Cola du Service marketing pour faire le point sur le développement d'un nouveau modèle de bracelet destiné à la société SWATCH. Monsieur Cola cherche à s'assurer que le modèle répond au cahier des charges fixé. Monsieur Bianssan arbitre la réunion.

Choix stratégiques, interview

Monsieur Boivin explique pourquoi l'entreprise a décidé très tôt de délocaliser une partie de sa production. Il indique également comment est gérée l'unité de production de l'île Maurice, située à 10 000 km du siège de Besançon.

L'interview se poursuit avec des informations sur le positionnement des produits COBRA sur le marché, ainsi que les actions menées afin de conserver et renforcer la place de leader qu'occupe la société.

SM2E, SOUS-TRAITANT ÉLECTRONIQUE

Séquence initiale de présentation (sans intertitre), interview

Gérard Génestier, Directeur général, rappelle l'histoire de sa société, née de la reprise d'un centre de production d'un grand groupe industriel, parle des produits fabriqués, évoque l'évolution du capital, les effectifs et un chiffre d'affaires en forte progression, ainsi que ses marchés.

Fabrication, interview

Une visite guidée de l'atelier principal en compagnie de Gérard Génestier permet de découvrir certaines des machines et des techniques utilisées pour la fabrication de cartes électroniques.

Démarche commerciale (1ère partie), simulation

Marie Evaristo, du Service commercial, informe son directeur de l'existence d'un problème de délai de livraison pour un client. Ce dernier lui indique la démarche à suivre.

Démarche commerciale (2e partie, sans intertitre), interview

Gérard Génestier présente la politique commerciale suivie par sa société : vision mondiale du marché et recherche de la qualité.

Formation, interview

Alain Dornier, responsable du Service formation, explique comment sont formés les nouveaux employés dans l'entreprise.

Perspectives, interview

Gérard Génestier parle des ambitions de SM2E : devenir l'un des leaders en Europe, et de ce que cela implique en termes de chiffre d'affaires et de productivité.

Il explique comment le développement d'une culture d'entreprise forte parmi le personnel de la société constitue l'une des clés du succès.

L'AMY, PREMIER LUNETIER FRANÇAIS

Séquence initiale de présentation (sans intertitre), interview

Jean Mairot, Secrétaire général, retrace l'histoire de la société L'AMY, fondée au dix-huitième siècle, parle de ses implantations industrielles et commerciales, et fournit quelques données significatives : effectifs, chiffre d'affaires, introduction sur le second marché de la Bourse.

Création, interview

Gilbert Brochet, du Service création, explique selon quels critères on crée un nouveau modèle de lunettes et comment se prépare son industrialisation.

Présentation d'un produit, simulation

Gilles Thibaut, du Service marketing, présente un nouveau modèle de lunettes à un grossiste.

Distribution, interview

Jean Mairot explique comment s'effectue la distribution, du fabricant au client. Anne-Claire Mesnier, trésorière de L'AMY, parle des problèmes de facturation qu'engendrent les fluctuations des devises, dollar en particulier.

Stratégie, interview

Hervé Lamy, l'un des directeurs de l'entreprise et descendant de son fondateur, répond à des questions relatives aux raisons de la réussite de L'AMY à travers le monde et d'une introduction sur le second marché de la Bourse. Il indique également quels sont les axes de développement de la société pour les années à venir.

M2R, AGENCE AGRÉÉE EN INFORMATIQUE

Séquence initiale de présentation (sans intertitre), interview

Frédéric Courtet, Directeur commercial de l'agence de Besançon, explique ce qu'est un concessionnaire agréé, pourquoi M2R a choisi de vendre les produits d'une seule marque, parle de ses clients et du développement de sa société à court terme.

Prise de contact, simulation

Gérard Dupont, informaticien chargé des achats au Centre de calcul de l'Université de Franche-Comté, téléphone à M2R pour prendre un rendez-vous au sujet d'un projet d'achat de matériel.

Présentation de matériel, simulation

Bruno Ripoche, ingénieur tehnico-commercial de M2R, accueille Gérard Dupont à l'agence et lui présente la gamme des ordinateurs de bureau Apple.

Projet d'équipement, simulation

Gérard Dupont explique à Bruno Ripoche en quoi consiste son projet : achat d'ordinateurs pour des applications de bureautique et de traitement d'image, et connexions d'une partie de ce matériel à un ordinateur d'une autre marque (Digital Equipment Corporation).

Référence, simulation

Bruno Ripoche fait visiter à Gérard Dupont le Service informatique du Conseil Régional de Franche-Comté pour lequel M2R a réalisé des connexions du type de celles souhaitées par Gérard Dupont.

Présentation du devis, simulation

Bruno Ripoche remet à Gérard Dupont le devis correspondant à son projet. Ce dernier lui demande d'y apporter quelques modifications et de lui consentir une remise indirecte (reprise de matériel ancien).

CIAL 1, BANQUE POUR L'INDUSTRIE

Séquence initiale de présentation (sans intertitre), interview

Pierre Jachez, Directeur régional, explique ce qui fait la spécificité du CIAL par rapport aux autres banques : forte présence dans l'Est de la France, services sur mesure offerts aux entreprises.

Démarche n° 1, simulation

Danielle Morel, patronne d'une petite entreprise, rencontre son banquier et lui demande son aide pour l'achat et l'importation d'une machine-outil en provenance de Taïwan.

Démarche n° 2, simulation

Danielle Morel sollicite un prêt à moyen terme pour financer l'acquisition de la machine-outil. Son banquier lui pose des questions afin de déterminer si cette opération est viable. Le taux d'intérêt qu'il propose ne convient pas à sa cliente. Finalement, une solution de compromis est trouvée.

CIAL 2, BANQUE POUR L'INDUSTRIE

La France en peinture (sans intertitre), spot publicitaire

Cette publicité télévisée du groupe CIC, auquel appartient le CIAL, insiste sur l'originalité et la force des banques du groupe. Les images de synthèse présentent sur un rythme rapide différents aspects de la France.

Etude du dossier, simulation

Thierry Pees-Martin, le banquier de Madame Morel, rencontre son directeur : Pierre Jachez, et lui présente le dossier de sa cliente. Monsieur Jachez s'informe des garanties présentées par la société Morel Technic, du montage financier du prêt et donne finalement son aval à son collaborateur.

Service étranger, interview

Daniel Roth, Responsable du Service étranger, explique quelles aides (techniques, renseignements) le CIAL offre à des entreprises françaises qui souhaitent travailler en dehors des frontières nationales.

TNT EXPRESS WORLDWIDE, TRANSPORTEUR INTERNATIONAL

Séquence initiale de présentation (sans intertitre), interview

Valérie Richardot, du Service commercial, présente sa société, une mutinationale fondée en Australie, parle des services offerts et des moyens (camions et avions) dont dispose TNT à travers le monde.

Appel d'un client, simulation

Catherine Jeanneret, du Service commercial, traite un appel téléphonique d'un client de Dijon qui doit faire parvenir des marchandises dans un délai de 24 heures à Lisbonne, Portugal.

Recherche de la solution (1ère partie), simulation

Catherine Jeanneret s'informe auprès de sa collègue du Service opérationnel de la faisabilité de l'expédition demandée par le client de Dijon.

Recherche de la solution (2e partie, sans intertitre), simulation

Catherine Jeanneret rend compte de la situation à Christian Schmitt, Directeur d'agence, et lui demande s'il peut accorder une remise au client. Christian Schmitt propose d'offrir des services supplémentaires gratuits car il ne peut accorder de remise sur la destination concernée.

Réponse de TNT, simulation

Catherine Jeanneret rappelle le client de Dijon et l'informe que sa marchandise peut être livrée dans les délais demandés. Elle rassure le client qui veut des garanties quant au délai de livraison, et justifie le prix demandé pour l'opération.

Service opérationnel, interview

Christian Schmitt explique le déroulement des opérations d'envoi de marchandises en Europe, depuis l'enlèvement jusqu'à la livraison.

SERGE BASTIEN COMMUNICATIONS, AGENCE DE COMMUNICATION

Séquence initiale de présentation (sans intertitre), interview

Serge Bastien, P.D.G., nous fait visiter les différents services de son agence.

Visite chez un client, simulation

Yves Maurice, Directeur de production, rencontre un des clients de l'agence, le P.D.G de COBRA, qui souhaite revoir à la baisse un budget de communication. Yves Maurice propose une solution qui permet à l'action de communication de conserver ses qualités.

Exemples d'actions, publicités

Cette séquence présente une série d'affiches représentatives du travail réalisé par l'agence.

Pourquoi ? Quand ? Combien ?, interview

Serge Bastien répond à trois questions fondamentales : pourquoi et quand une entreprise doit-elle communiquer ? Combien cela coûte-t-il ?

COBRA

LEADER MONDIAL DU BRACELET-MONTRE

Durée du film : 14'40

Séquence initiale de présentation (sans intertitre) ***début :*** *00'00* ***durée :*** *02'31*

- présenter une société
- prendre des notes

Réunion technique ***début :*** *02'31* ***durée :*** *04'38*

- exprimer des quantités
- présenter des données
- faire un compte rendu
- rédiger une lettre de commande

Réunion technique et commerciale ***début :*** *07'09* ***durée :*** *02'30*

- repérer les formes d'adresse de la parole
- discuter de problèmes, critiquer
- convaincre
- exprimer son accord, son désaccord, son opposition

Choix stratégiques ***début :*** *09'39* ***durée :*** *05'01*

- argumenter (verbalement et par des gestes)
- discuter des avantages et des inconvénients d'un projet

SÉQUENCE INITIALE DE PRÉSENTATION

INTERVIEW **début :** 00'00 **durée :** 02'31

Repérages

1 *Regardez la séquence avec le son, puis cochez (✔), parmi les informations, ce que vous avez vu et / ou entendu.*

Information	Vu	Entendu
a. ancien bâtiment de la société à Besançon	❑	❑
b. origine de la société	❑	❑
c. bracelets pour montres	❑	❑
d. site de Besançon	❑	❑
e. site de Maurice	❑	❑
f. chiffre d'affaires	❑	❑
g. bénéfices	❑	❑
h. part du chiffre d'affaires à l'exportation	❑	❑

Compréhension

2 *Regardez la séquence avec le son, puis choisissez les affirmations correctes.*

2.1 La société
- **a.** est née en 1974.
- **b.** existait avant 1974.
- **c.** a pris sa forme actuelle en 1974.

2.2 Le nom de Cobra a été choisi
- **a.** parce qu'il est facile à retenir.
- **b.** parce qu'il évoque un animal.
- **c.** pour des raisons historiques.

2.3 Le marché principal de la société est celui
- **a.** du grand public.
- **b.** des fabricants de montres.
- **c.** du renouvellement.

2.4 Cobra emploie

a. 650 personnes à Maurice et 150 à Besançon.
b. 650 personnes à Besançon et 150 à Maurice.
c. 150 personnes à Besançon et 950 à Maurice.

2.5 Les pays où la société exporte le plus sont

a. ceux d'Europe.
b. ceux d'Europe et d'Asie du Sud-Est.
c. Hong-Kong, Taïwan, la Corée et le Japon.

2.6 La société a choisi de s'introduire en Bourse essentiellement afin

a. d'améliorer sa réputation.
b. d'avoir une meilleure politique commerciale.
c. d'obtenir des capitaux supplémentaires et d'améliorer sa réputation.

Exploitation

3 *En vous aidant éventuellement de la transcription, retrouvez les quatre questions posées à Monsieur Boivin (elles ont été volontairement supprimées au moment du montage du film).*

3.1 Q – ....
R – Cobra, dans sa forme actuelle, est né en 1974...

3.2 Q – ....
R – Nous sommes fabricants de bracelets pour montres...

3.3 Q – ....
R – Eh bien, Cobra c'est huit cents personnes...

3.4 Q – ....
R – Pour deux raisons essentielles...

4 *Complétez les phrases en choisissant dans la liste suivante les mots et expressions qui conviennent le mieux.*

offrir / budget / chiffre d'affaires / doter / site / rassemblement / lieu / regroupement / fait / ambitions / représente / agence / volontés / place forte.

Cobra est né du .... de quatre petits fabricants.

Cent cinquante personnes travaillent sur le .... de Besançon.

Notre .... s'élève à 120 millions de francs.

La Bourse nous a permis de nous .... de moyens supplémentaires.

Quatre fabricants avaient des .... de développer leurs exportations.

Nous avons une .... en Asie : le Japon.

L'industrie horlogère .... 60% de notre activité.

Communication

5 *A partir de ce que vous savez maintenant de la société Cobra, complétez la fiche de présentation ci-dessous (deux exemples vous sont donnés).*

Nom : *Cobra*

Produits : *bracelets pour montres*

Historique : ....

Implantations industrielles : ....

Types de marchés : ....

Chiffre d'affaires (C. A.) : ....

Part du C. A. à l'exportation : ....

Zones principales d'exportation : ....

6 *Utilisez maintenant votre fiche pour faire une présentation orale de la société. Faites des phrases complètes. Vous pouvez vous servir des verbes ci-dessous.*

fabriquer / naître / employer / s'élever à / représenter / se faire sur.

....

....

....

....

....

....

....

....

....

....

....

....

....

RÉUNION TECHNIQUE

SIMULATION **début :** 02'31 **durée :** 04'38

Remarque : les personnages utilisent un certain nombre de termes techniques. Si vous le souhaitez, vous pouvez consulter le lexique où ils sont expliqués.

Repérages

1 *Regardez la séquence avec le son, puis choisissez, parmi les adjectifs ci-dessous, ceux qui caractérisent le mieux la réunion.*

amicale / tendue / efficace / informelle / démocratique / dynamique / désordonnée / autoritaire.

Justifiez votre choix.

....

....

....

....

....

Compréhension

2 *Regardez la séquence avec le son, puis choisissez les affirmations correctes.*

2.1 Le sujet de la réunion est

a. l'étude du lancement de nouveaux modèles.
b. une étude d'investissement.
c. l'étude de problèmes de qualité.

2.2 La fonction de Jean-Claude Zuczeck est

a. directeur commercial.
b. directeur du personnel.
c. directeur de fabrication.

2.3 Le Président-Directeur Général et son collaborateur étudient

a. une solution.
b. deux solutions.
c. trois solutions.

2.4 Les chiffres mentionnés concernent

a. des prix de machines et des salaires.
b. des prix de machines et des quantités de produits.
c. des salaires et des quantités de produits.

2.5 A la fin de la réunion,

a. une décision définitive est prise.
b. aucune décision définitive n'est prise.
c. le Président-Directeur Général demande qu'on refasse une étude avant de prendre une décision définitive.

2.6 Le P-D.G. va faire un voyage à

a. Maurice.
b. Besançon.
c. Paris.

Exploitation

3 *Complétez les extraits de dialogue suivants avec des mots et expressions, utilisés dans la séquence, qui permettent d'expliquer des quantités et des coûts.*

D. B. – On a pris la décision de .... notre capacité de production .... 150 000 .... 200 000 bracelets.

D. B. – Je voudrais te rappeler la décomposition de ces 200 000 bracelets/semaine.

J.-C. Z. – Une, deux, et quatre machines importantes à trois opérations différentes bien sûr, ce qui ferait des .... assez importantes.

D. B. – Donc en fin de chaîne, on sera avec trois machines.

J.-C. Z. – .... 70 000 francs ....

J.-C. Z. – Oui .... pour 350 000 francs.

J.-C. Z. – Nous arrivons à .... globale de 1 300 000 francs.

J.-C. Z. – Alors globalement il y avait 70 000 et trois fois 70/210 .... 280 000 environ.

J.-C. Z. – Cela bien sûr nous ...., nous réduit le parc machine.

Communication

4 *Imaginez que vous êtes un employé de la société Cobra. Vous assistez à la réunion en compagnie de Messieurs Boivin et Zuczeck, mais vous n'êtes pas encore au courant du problème, car vous venez d'arriver dans la société. Vous notez donc les chiffres prononcés. Complétez la fiche ci-dessous pendant que vous écoutez le dialogue.*

Etude d'investissement

Augmentation de la production

de .... à .... bracelets/semaine.

Décomposition ....des bracelets/semaine

• Types de fabrication

- .... bracelets rembordés
- .... lanières
- .... bracelets pièce à pièce
- .... coupés francs

• Achat de machines pour Maurice

- coupé franc..
- refendage ....
- cisaille ....
- parage* ....
- formage ....
- agrafage ....

enveloppe globale ....1 300 000 francs

*Le coût pour l'opération de "parage" n'est pas mentionné. Vous pouvez cependant le retrouver par une simple opération arithmétique. Faites-la et inscrivez les chiffres.

5 *Vous avez ci-dessous des données diverses concernant un produit : un stylo par exemple. Présentez ces données. Vous pouvez utiliser certains des mots et expressions de la liste ci-après.*

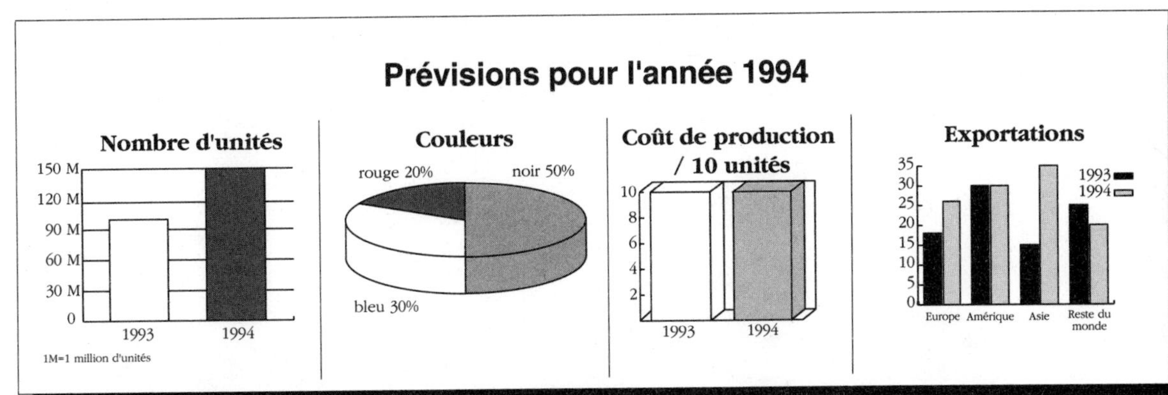

rester stable / constant / se maintenir /
augmenter / progresser / diminuer / régresser /
se répartir en / se décomposer en /
l'unité / par unité / pièce /
les deux / trois ... dix /
la douzaine / la vingtaine ... la centaine /
les cents / les mille / le million.

....

....

....

....

....

....

6 *Imaginez le dialogue :*

Monsieur Zuczeck fait un compte rendu oral de sa réunion à son collaborateur.
Le collaborateur est déjà partiellement au courant de la situation et il lui pose quelques questions.

7 *Rédigez les lettres.*

Monsieur Zuczeck rédige la lettre de commande des machines nécessaires pour l'augmentation de la production.

Il écrit la lettre et essaie d'obtenir une remise sur le prix de base en s'appuyant sur le fait qu'il achète plusieurs machines (il faut choisir le nombre et le type de machines).
Le fournisseur, DÉCOUPE SA, de Lyon, répond et explique que ses prix sont déjà très justes, et qu'ils n'ont pas augmenté depuis un an.

RÉUNION TECHNIQUE ET COMMERCIALE

SIMULATION **début :** 07'09 **durée :** 02'30

Repérages

1 *Regardez la séquence sans le son, puis répondez aux questions suivantes :*

1.1 *Quelle est la fonction de chacune des 4 personnes présentes ?*

a. homme en costume (droite)
b. homme en chemise jaune (centre droite)
c. femme en tailleur (centre gauche)
d. homme en chemise de détente (gauche)

- styliste
- représentant commercial
- directeur commercial

Justifiez votre choix.

....

....

....

1.2 *Choisissez, parmi les adjectifs ci-dessous, ceux qui caractérisent le mieux la réunion.*

détendue / ordonnée / désordonnée / conflictuelle / dynamique.

Justifiez votre choix.

....

....

....

Compréhension

2 *Regardez la séquence avec le son, puis choisissez les affirmations correctes.*

2.1 Monsieur Cola doit rencontrer

a. des acheteurs.
b. des vendeurs.
c. des techniciens.

2.2 Les problèmes rencontrés concernaient

a. les coloris et l'épaisseur du fil.
b. les coloris et la matière du fil.
c. les coloris et le coulissage du bracelet.

2.3 Le bracelet en est au stade

a. de l'étude préliminaire.
b. des prototypes.
c. de la fabrication en série.

2.4 Cobra communique avec ses clients

a. en les recevant et en leur envoyant des fax.
b. en leur rendant visite et en leur envoyant des fax.
c. en les recevant, en leur rendant visite et en leur envoyant des fax.

2.5 A l'issue de cette réunion,

a. certains problèmes ont été réglés.
b. la majorité des problèmes a été réglée.
c. tous les problèmes ont été réglés.

Exploitation

3 *Qui parle à qui ? Comment ? Complétez le tableau avec les formules utilisées pour s'adresser à son interlocuteur (pronom, nom, prénom de la personne).*

Personnes	Formules utilisées
a. homme en costume (à droite) et femme en tailleur (centre gauche)	
b. homme en chemise jaune (centre droit) et homme en costume (droite)	
c. homme en chemise jaune (centre droit) et femme en tailleur (centre gauche)	
d. homme en chemise jaune (centre droit) et homme en chemise de détente (gauche)	
e. femme en tailleur (centre gauche) et homme en costume (droite)	
f. homme en chemise de détente (gauche) et homme en costume (droite)	

Que constatez-vous et quelles conclusions en tirez-vous ?

....

....

....

4 *En vous aidant de la transcription, repérez et notez les mots et expressions qui montrent que tous les participants cherchent à résoudre les problèmes liés au bracelet* Pop-Verushka, *mais de façon différente. Notez ces mots et expressions en fonction de la personne qui les a prononcés.*

4.1 Jean-Luc Bianssan, (directeur commercial) :

- Quelles sont les critiques ......

......

......

......

......

4.2 Patrick Cola (représentant commercial)

- effectivement c'est une étape intéressante. ......

......

......

......

......

4.3 Marie-Noëlle Germain, Michel Magis (stylistes)

- maintenant plus de problème, nous avons dû changer trois coloris ......

......

......

......

......

5 *Essayez de qualifier l'attitude de chacune des trois parties en présence.*

5.1 - le directeur commercial :

......

5.2 - le représentant commercial :

......

5.3 - les stylistes :

......

6 *Complétez le dialogue avec les mots et expressions qui indiquent que les personnes A et B font face à un problème et qu'elles cherchent à le résoudre.*

bien sûr / peut-être, mais / pourtant / effectivement.

A – Quels sont les problèmes qui restent à résoudre ?

B – Il y a un défaut au niveau de la finition.

A – .... nous avons revu ce point-là.

B – .... le résultat n'est pas totalement satisfaisant.

A – Avez-vous une suggestion à nous faire ?

B – ...., je vous conseille de vérifier la qualité des produits utilisés.

A – C'est .... une bonne idée.

Communication

7 *Imaginez le dialogue : A joue le rôle de monsieur Cola et B le rôle du client.*

A essaie de convaincre B de donner son accord définitif pour le prototype modifié, mais B a de nouvelles exigences : couleurs, dessins, épaisseur, etc.
A s'appuie sur le fait que B avait déjà donné son accord de principe.
B maintient son point de vue.
Remarque : le client a (presque) toujours raison !

Vous pouvez utiliser les mots et expressions ci-dessous.

désaccord : je suis désolé / je regrette / je ne suis pas de votre avis / je ne partage pas votre point de vue / pas du tout / absolument pas.

accord : effectivement / en effet / tout à fait / c'est exact / c'est vrai / je reconnais / bien sûr.

opposition : en fait / mais / toutefois / néanmoins / pourtant / cependant / tout de même / certes.

CHOIX STRATÉGIQUES

INTERVIEW **début :** 09'39 **durée :** 05'01

Repérages

1 *Regardez la séquence avec le son, puis cochez (✔) parmi les informations, ce que vous avez vu et/ou entendu.*

Information	**Vu**	**Entendu**
a. l'implantation de la filiale à l'Ile Maurice	❑	❑
b. des ouvriers à l'Ile Maurice	❑	❑
c. le finissage des cuirs	❑	❑
d. les boucles des bracelets	❑	❑
e. les activités de créativité	❑	❑
f. le transport par avion des bracelets	❑	❑
g. les liaisons informatiques entre la France et Maurice	❑	❑
h. montre Swatch	❑	❑
i. montre Omega	❑	❑
j. montre Longines	❑	❑
k. montre Gucci	❑	❑
l. un présentoir Cobra	❑	❑
m. les deux marchés de la société	❑	❑

Compréhension

2 *Regardez la séquence avec le son, puis choisissez les affirmations correctes.*

2.1 Cobra a choisi de délocaliser sa production à Maurice pour des raisons

a. économiques et géographiques.
b. économiques, géographiques et culturelles.
c. économiques, politiques et culturelles.

2.2 Les activités de production s'effectuent

a. à Besançon et à Maurice.
b. à Besançon uniquement.
c. à Maurice uniquement.

2.3 La commercialisation des produits se fait à partir de

a. Besançon.
b. Maurice.
c. Besançon ou Maurice, selon les cas.

2.4 La politique commerciale de la société repose sur les éléments suivants

a. créativité, quantité, service.
b. créativité, qualité, sérieux.
c. créativité, qualité, service.

2.5 Le présentoir pour bracelets est destiné au marché

a. de l'équipement (l'industrie horlogère).
b. du renouvellement (le grand public).
c. des pays de l'Asie.

2.6 Les critères de pénétration du marché asiatique sont

a. le nombre de consommateurs et leurs habitudes d'achat.
b. le nombre de montres vendues et les facilités de distribution.
c. le nombre de consommateurs et leur pouvoir d'achat.

Exploitation

3 *Retrouvez les questions qui correspondent aux cinq réponses dont vous trouverez les débuts ci-dessous.*

3.1 Q – ....
R – Eh bien dès 1975 nous avons implanté notre filiale à l'Ile Maurice parce qu'il…

3.2 Q – ....
R – Entre nos deux sites la répartition s'opère de la façon suivante…

3.3 Q – ....
R – Notre positionnement est un positionnement moyen haut et très haut de gamme...

3.4 Q – ....
R – Pour maintenir notre position de leader nous devons impérativement savoir garder notre avance...

3.5 Q – ....
R – Eh bien il s'agit pour nous de poursuivre notre croissance sur nos deux marchés...

4 *Qu'observez-vous dans la manière dont débutent certaines réponses ? Qu'est-ce que cela signifie ?*

....

....

....

5 *Observez pendant les deux premières réponses les gestes que fait Monsieur Boivin en parlant pour appuyer ses paroles. Notez et classez dans le tableau les mots et expressions, accompagnés de gestes, qui expriment soit l'argumentation, soit la présentation.*

Argumentation	Présentation
parce que	entre nos deux sites
....	....
....	....
....	....
....	....

6 *Complétez le texte suivant avec les mots et expressions qui conviennent.*

mais aussi / peut-être / mais seulement / haut de gamme / milieu de gamme / cependant / bien entendu / aussi / en raison de / effectivement / par contre.

Notre entreprise a choisi de délocaliser certaines de ses activités .... coûts de transport trop élevés. .... , nous n'avons pas l'intention de fermer complètement notre usine dans votre pays, ... de redéfinir son rôle.

Les produits .... resteraient ici car le coût du transport n'entre que pour une faible part dans le coût total. .... la fabrication des produits de .... serait transférée dans des unités plus proches des marchés.

Communication

7 *Imaginez le dialogue : vous êtes un groupe d'investisseurs intéressés par une prise de participation dans Cobra. Vous discutez des avantages et inconvénients que présente cette société.*

Points à évoquer :
- délocalisation d'une partie de la production à Maurice,
- positionnement sur le marché,
- recherche et créativité,
- politique d'exportation,
- importance du marché du bracelet,
- concurrence de certains pays, etc.

Transcription

Séquence initiale de présentation (sans intertitre)

début : 00'00 - durée : 02'31

D.B. : Daniel Boivin

D.B. – Cobra / dans sa forme actuelle / est né / en 1974 / du regroupement / de quatre petits fabricants / dont deux bisontins / d'ailleurs / qui avaient des ambitions de se développer à l'exportation / et / qui ont pris conscience / qu'ils ne pouvaient le faire / qu'en jonctionnant leurs moyens / d'ailleurs / Cobra / en 74 / c'était / Compagnie / Industrielle / du Bracelet / et nous avons contracté / pour faire / Cobra / parce que / cette / volonté de développement à l'exportation / nécessitait / un nom / une marque / qui puissent se mémoriser / et se prononcer / disons / dans la / quasi-totalité des langues /
– nous sommes fabricants de bracelets pour montres / donc / mono-produit / mais nous avons / deux grands marchés / un / le marché industriel / nous travaillons avec l'industrie horlogère / pour l'équipement des montres neuves / et qui représente environ 60 % de notre activité / et notre deuxième marché / le marché / grand public / où il s'agit de distribuer / à l'intention des consommateurs / les bracelets de renouvellement / et qui représente / 40 % de notre activité /
– eh bien / Cobra / c'est / 800 personnes / 150 personnes / sur le site de Besançon / 650 personnes / dans notre unité / à l'île Maurice / un chiffre d'affaires / annuel / d'environ 120 millions de francs / c'est également / c'est important de le souligner / 66 % à l'exportation / avec / deux grandes zones d'export / l'Europe / et le Sud-Est asiatique / avec des places fortes / telles que Hong Kong / la Corée / Taïwan / le Japon /
– pour deux raisons essentielles / la première / pouvoir nous doter / de moyens supplémentaires au plan financier / pour nos développements avenirs / la seconde / et elle est importante également / c'est l'image de Cobra / c'est donc / une entreprise en Bourse / c'est une communication beaucoup plus forte / beaucoup plus ouverte / et c'est savoir dire effectivement / à ses clients / quels sont les points forts de la politique commerciale / quels sont les moyens quelles sont les ambitions de l'entreprise /

Réunion technique

début : 02'31 - durée : 04'38

D.B. : Daniel Boivin, J.-C. Z. : Jean-Claude Zuczeck

D.B. bonjour Jean-Claude /
J.-C. Z. bonjour Daniel /
D.B. bien / alors notre sujet du jour / c'est donc notre étude d'investissement / sachant qu'on a pris la décision de porter notre capacité / de production / de 150 000 / à 200 000 bracelets semaine / et donc tu devais euh faire le point / en ce qui concerne ces investissements /
J.-C. Z. tout à fait /
D.B. avant mon prochain / voyage /
J.-C. Z. alors / bien sûr ça va nécessit- nécessiter pas mal de machines / donc à certains endroits / des goulots d'étranglement / assez importants /
D.B. oui je voudrais te rappeler / la décomposition / de ces 200 000 bracelets semaine /
J.-C. Z. oui /
D.B. hein on a bien / fait le choix entre les différents types de fabrication / 100 000 bracelets rembordés /
J.-C. Z. oui /
D.B. 30 000 lanières /
J.-C. Z. oui /
D.B. 30 000 bracelets pièce à pièce / 40 000 coupés francs /
J.-C. Z. tout à fait oui /
D.B. tu as bien tenu compte de ces éléments ? /
J.-C. Z. oui c'est avec ça que je suis parti /
D.B. d'accord /
J.-C. Z. bon / alors / bien entendu / on commence par le coupé franc / une / deux / et quatre / machines / importantes à trois opérations différentes bien sûr / ce qui ferait / des sommes / assez importantes / que tu vas voir / quatre machines ici / 4 fois 50 / 200 000 / 120 000 / pour / l'opération de refendage /

Transcription

D.B. oui /
J.-C. Z. et 45 000 / à la cisaille /
D.B. oui / au parage ? /
J.-C. Z. alors / au parage / c'est là qu'il y a donc besoin de quatre machines /
D.B. quatre machines / d'accord /
J.-C. Z. ensuite / c'est en fin de chaîne /
D.B. oui /
J.-C. Z. au formage de nos / bracelets / nous avons besoin de trois machines /
D.B. donc en fin de chaîne on sera / avec trois machines /
J.-C. Z. à 70 000 francs / pièce /
D.B. oui /
J.-C. Z. et / le point le plus important bien sûr c'est / pour l'agrafage de nos passants /
D.B. ah ! / l'agrafage / c'est un poste une machine à poste double je crois /
J.-C. Z. oui / il y en a pour / 350 000 francs /
D.B. hum hum / cet ensemble de de machines c'est donc c'est l'investissement pour l'île Maurice hein /
J.-C. Z. pour l'île Maurice uniquement hein / ce qui fait que nous arrivons /
D.B. à une enveloppe globale de ? /
J.-C. Z. à une enveloppe globale de 1 300 000 francs / environ / au point de vue machines /
D.B. oui / et sur Besançon ? /
J.-C. Z. 200 000 francs / d'outillage / ça nécessite bien sûr / au démarrage / un séchoir / pour notre atelier / de peinture /
D.B. oui /
J.-C. Z. concernant le Cobranyl /
D.B. c'est ça /
J.-C. Z. et surtout en finition / aussi / des machines de marquage /
D.B. d'accord / le secteur finition globalement ? /
J.-C. Z. alors globalement il y avait 70 000 et trois fois / 70 / 210 /
D.B. oui /
J.-C. Z. ça fait 280 000 environ /
D.B. d'accord oui c'est ça / bon OK / bon on a donc l'enveloppe globale / 1 500 000 /
J.-C. Z. voilà /
D.B. bon ça c'est la première hypothèse / euh d'investissement / pour augmenter la capacité globale /
J.-C. Z. hum hum /
D.B. on avait évoqué / une deuxième idée /
J.-C. Z. oui c'est cela /
D.B. qui était de / de travailler d'aider à la mise en route d'une deuxième équipe /
J.-C. Z. voilà /
D.B. alors où est-ce qu'on en est ? est-ce que ça est-ce que c'est une option qui est / viable ?/
J.-C. Z. même sans démarrer avec des équipes de deux fois huit / on pourrait démarrer / avec simplement donc douze heures / des journées de douze heures /
D.B. oui / faire une deuxième équipe donc de de quatre heures /
J.-C. Z. oui exactement /
D.B. dans un premier temps /
J.-C. Z. cela / bien sûr nous divise / nous réduit énormément le parc machines / et / surtout ça nous réduit aussi / l'enveloppe / on aurait /
D.B. on arrive à quoi là dans cette dans cette deuxième hypothèse / en termes d'investissement ? /
J.-C. Z. on arrive au point de vue investissement au au tiers environ / 500 000 francs /
D.B. un tiers / bien / bon / c'est incontestablement cette deuxième opt- option qui va être retenue hein / alors je vais te demander deux choses / premièrement / mettre en route / les commandes / concernant ces machines /
J.-C. Z. oui /
D.B. deuxièmement / préparer / affiner l'étude / en ce qui concerne l'organisation ici / à Besançon / et je pars dans quinze jours / on fait / un petit euh un point /

J.-C. Z. d'accord /
D.B. précis euh deux jours avant mon départ / que j'aie tous les éléments / pour pouvoir euh avancer et finaliser /
J.-C. Z. tout à fait ben je te préparerai tout ça /
D.B. donc ce qui est à voir du côté mauricien /
J.-C. Z. OK /
D.B. OK ? /
J.-C. Z. eh bien d'accord allez /
D.B. très bien / bonne fin de journée /
J.-C. Z. merci /
D.B. et puis on se revoit normalement pour l'ensemble des autres points en réunion de fabrication / d'accord / à bientôt /

Réunion technique et commerciale

début : 07'09 - durée : 02'30

J.-L. B. : Jean-Luc Bianssan, M.-N.G. : Marie-Noëlle Germain, P.C. : Patrick Cola, M.M. : Michel Magis

J.-L. B. bien / dans la réunion d'aujourd'hui on a de prévu / le dossier / de la Pop Verushka / alors / on en est à la présentation définitive / vous avez dû réaliser les /
M.-N. G. voici les derniers prototypes /
J.-L. B. bien / vous devez les rencontrer demain monsieur Cola /
P.C. effectivement /
J.-L. B. quelles sont les critiques là qui sont éventuellement à apporter / par rapport au dossier et au cahier des charges qui vous a été présenté est-ce que ça / correspond à / la demande ? /
P.C. par rapport à la demande du client / c'est une étape intéressante / une question / Marie-Noëlle / avez-vous vérifié la / conformité des trois coloris de base ? /
M.-N. G. maintenant plus de problème / nous avons dû changer trois coloris / le client a accepté / nous avons reçu son fax / donc voici les nouveaux coloris / les appliques vertes / et l'applique grise / donc de ce côté-là pas de problème /
P.C. une petite critique néanmoins / le fil me semble / très épais /
M.-N. G. non ben le fil déjà il y a eu un problème de couleur / le fil rose maintenant le client l'a accepté / il est venu il y a une semaine / on a eu des problèmes/ mais maintenant c'est réglé / la seule petite différence qu'il y a c'est que c'était un fil coton / et pour le brodeur nous avons été obligés de coudre / avec un fil viscose / ceci pour une question technique /
J.-L. B. oui je crois que tu les as rencontrés Michel / non ? / il y a un problème technique qui nous a obligés à changer de /
M. M. oui effectivement on est / on est obligés de passer en fil viscose / pour améliorer la rapidité de la / de la piqûre et diminuer / la longueur des points / en coton c'était pas possible /
J.-L. B. c'est pour ça que ça posait un problème de rapprochement des / des fils / c'est ça ? /
M. M. par rapport au proto initial /
J.-L. B. c'est un problème ? /
P.C. au niveau du client euh l'essentiel c'est une production industrielle / en quantité /
J.-L. B. hum /
P.C. si techniquement / le produit est conforme / mon client acceptera / le dernier point c'est / le coulissage / du bracelet dans le support / vu l'épaisseur du fil /
M. M. ça les essais ont été faits / il y a pas de problème / tous les tests ont été réalisés jusqu'aux tests U.V. pour la tenue de la couleur et euh / la tenue du bracelet / la fiabilité du bracelet dans le temps /
J.-L. B. bon donc a priori le seul problème qui resterait en suspens c'est ce problème / de largeur de fil / euh je crois que vous allez leur présenter demain ce ce bracelet / euh essayez donc de de négocier avec eux ce petit problème / leur faire accepter / et vous nous donnez la réponse le plus rapidement possible / O.K. ?
P.C. tout à fait /
J.-L. B. O.K. / bien pour ce dossier /

Transcription

Choix stratégiques

début : 09'39 - durée : 05'01

D.B. : Daniel Boivin

D.B. – eh bien dès 1975 / nous avons implanté notre filiale / à l'île Maurice / parce qu'il était nécessaire pour nous / d'incorporer dans nos produits une main d'oeuvre à plus faible coût / nous sommes en effet une industrie de main d'oeuvre / et si nous avons choisi l'île Maurice / c'est pour quelques raisons essentielles / la première / nous avons recherché un pays avec une stabilité / politique et sociale / car il s'agit là d'un bien d'un investissement / à long terme / nous avons également fait ce choix / parce que / la population mauricienne / est naturellement bilingue / c'est-à-dire qu'elle parle anglais et français / et que pour que nos techniciens / puissent faire passer ce qu'on appelle / le tour de main / les finesses du métier / eh bien il était préférable pour nous / d'avoir / à former les gens / en français /

– entre nos deux sites / la répartition s'opère de la façon suivante / Besançon travaille / en amont / et en aval / et / l'île Maurice / travaille / au centre / alors je m'explique / en amont / nous fabriquons / à Besançon / l'ensemble de des productions / techniques / finissage des cuirs / outillage / tous les matériels / de production / les boucles / bien entendu / toute la part / recherche / créativité / matières nouvelles / l'ensemble de ces éléments / sont transmis à l'île Maurice / pour la fabrication proprement dite / du bracelet / et la totalité de la production mauricienne / revient à Besançon pour la commercialisation / sur / nos deux marchés / de l'industrie horlogère / et du grand public / mais je voudrais souligner un point important / dans notre organisation / entre les deux sites / de l'île Maurice / et de Besançon / nous travaillons / d'une façon très / pointue / avec une liaison / informatique / chaque jour/ pour gérer / cet atelier / qui est à 10 000 kilomètres / de façon aussi fine / que s'il était sur le site de Besançon / au niveau du suivi des encours de la production / des stocks euh des commandes qui sont transmises à l'île Maurice /

– notre positionnement est un positionnement / moyen / haut / et très haut de gamme / ça veut dire que nous travaillons / en termes de clients / avec des gens tels que / Swatch / Omega / Longines / Gucci / notre politique commerciale est sous-tendue / par trois éléments importants / de créativité / de qualité / et de service / et effectivement le terme créativité / est très important / car il s'agit / de voir aujourd'hui / la montre / et le bracelet-montre / comme un ac- un accessoire de mode / et c'est véritablement / le bracelet / qui est un des composants les plus importants dans l'habillage de la montre /

– pour maintenir notre position de leader / nous devons impérativement / savoir garder notre avance / et garder notre avance / ça veut dire être forts / en termes de de créativité / mais pas créativité seulement / ou recher- / au niveau de la recherche des des formes / des matières / mais en sachant / adosser ce- cette créativité à de l'innovation technique / à des mises au point de matières nouvelles / de telle sorte à garder toujours effectivement / une force de proposition / importante / à l'ensemble de notre clientèle / et cette force de proposition / pas seulement / au niveau / de la montre neuve / et de l'équipement de l'industrie horlogère / mais également / au niveau du marché du grand public / par exemple avec / euh mise au point / Cobra / d'un nouveau concept / de conditionnement / et de présentation / du bracelet / qui permet / au détaillant / horloger-bijoutier / de présenter au consommateur / le bracelet sur la montre / sans avoir à le retirer de son étui / c'est ça aussi / notre métier /

– eh bien il s'agit pour nous / de poursuivre notre croissance sur nos deux marchés / un / le marché de l'industrie horlogère / et je voudrais vous dire / que la production / annuelle / de montres neuves au niveau mondial est de / 800 millions / de montres / vous voyez que nous avons de quoi faire / au niveau de l'équipement de la montre neuve / il y a encore de belles perspectives devant nous / également / sur notre deuxième marché / qui est le marché du grand public / poursuivre / notre implantation / premièrement / au niveau des pays européens / deuxièmement / au niveau des pays de l'Asie / les pays / à plus forte population / et pouvoir d'achat / nous avons déjà commencé une distribution / en Corée / et au Japon / et en ce qui concerne l'Europe / nous venons de racheter un distributeur en Allemagne / vous voyez que les perspectives / sont bonnes / et que nous avons beaucoup de travail à réaliser /

Lexique

m. : masculin, f. : féminin

adosser : appuyer

agrafage (m) : pose d'agrafes

applique (f) : partie de tissu placée sur le bracelet pour le décorer

bisontin (m) : habitant de Besançon, ville de l'Est de la France

Bourse (f) : lieu où l'on peut acheter et vendre des actions, des obligations

cahier des charges (m) : document contractuel qui définit entre un client et un fournisseur, à l'initiative du premier, les caractéristiques d'un produit ou d'un service donné que celui-ci souhaite acheter

chaîne (f) : chaîne de fabrication

chiffre d'affaires (m) : montant total des ventes sur une période donnée

cisaille (f) : outil ou machine qui permet de couper

Cobranyl (m) : procédé breveté de la société Cobra pour le traitement des cuirs

conditionnement (m) : emballage

conforme : identique à ce qui a été demandé

contracter : raccourcir

coulissage (m) : action de coulisser, de glisser

coupé franc (m) : technique qui consiste à couper le cuir pour lui donner la forme voulue

décomposition (f) : répartition, distribution

délocaliser : déplacer la fabrication d'un produit d'un pays dans un autre pour des raisons de coût

détaillant (m) : commerçant qui vend à des particuliers, généralement en petites quantités

doter (se) : équiper (s')

en amont : avant

en aval : après

en suspens : en attente, non résolu

encours (m) : produits en cours de fabrication

enveloppe : budget

export (m) : exportation

faire passer : transmettre

fiabilité (f) : résistance, probabilité qu'un produit fonctionne sans problème pendant une période donnée

filiale (f) : société dirigée par une société mère

finaliser : mettre au point, terminer

force de proposition (f) : capacité de proposer des choses nouvelles

formage (f) : opération qui consiste à donner la forme désirée à un objet

gamme (f) : série de produits qui appartiennent à la même famille, mais qui possèdent des caractéristiques différentes (haut de gamme : luxe)

gérer : administrer, diriger

goulot d'étranglement (m) : endroit où se produit un ralentissement non voulu de la production

impérativement : absolument

implanté : installé

investissement (m) : dépense visant à améliorer la capacité de production et de vente

jonctionner : unir

lanière (f) : bande (de cuir) étroite

leader (m) : qui occupe la première place

main d'œuvre (f) : ensemble du personnel, et plus spécialement le personnel d'exécution

Maurice (île) : état de l'océan Indien

mettre en route les commandes : passer les commandes

opérer (s') : faire (se), effectuer (s')

outillage (m) : machines

parage (m) : opération qui consiste à amincir une partie du bracelet afin de pouvoir y coller un morceau de cuir sans que cela provoque une sur-épaisseur

parc (m) : ensemble (des machines)

partir : prendre comme base de référence

passant (m) : anneau de cuir

pénétration (f) : action de contrôler le marché

place forte (f) : marché sur lequel une société est très bien implantée

pointu : spécialisé

Pop Verushka (f) : modèle de montre de la marque Swatch

porter : augmenter

positionnement (m) : situation des produits d'une entreprise par rapport à ceux de ses concurrents

pouvoir d'achat (m) : capacité d'acheter

prise de participation (f) : action de devenir actionnaire d'une société

proto (m) : prototype, exemplaire d'un produit réalisé avant la fabrication en série

refendage (m) : opération qui consiste à couper le cuir dans le sens de l'épaisseur, afin de le rendre plus mince

rembordage (m) : opération qui consiste à replier une partie du bracelet sur une autre

retenir : choisir

site (m) : endroit

sous-tendu : déterminé, conditionné

stock (m) : marchandises en réserve

suivi (m) : action de veiller à la bonne marche des opérations

tenue (f) : résistance

tour de main (m) : savoir-faire manuel

U.V. : (rayons) ultra-violets

viable : valable

viscose (f) : fibre synthétique

S M 2 E

Sous-traitant électronique

Durée du film : 11'48

Séquence initiale de présentation (sans intertitre) ***début :*** *14'46* ***durée :*** *02'27*

- présenter une société (de façon personnelle / impersonnelle)
- exprimer des quantités

Fabrication ***début :*** *17'13* ***durée :*** *02'28*

- repérer les formes d'accord
- présenter des données

Démarche commerciale (1ère partie) ***début :*** *19'41* ***durée :*** *01'28*

- argumenter
- faire un compte rendu oral à partir de notes

Démarche commerciale (2e partie) sans intertitre ***début :*** *21'09* ***durée :*** *00'59*

- mettre en valeur des résultats

Formation ***début :*** *22'08* ***durée :*** *01'43*

- prendre des notes au cours d'une visite
- faire une présentation à partir de notes

Perspectives ***début :*** *23'51* ***durée :*** *02'39*

- donner des points de vue radicalement différents

SÉQUENCE INITIALE DE PRÉSENTATION

INTERVIEW **début :** 14'46 **durée :** 02'27

Repérages

1 *Regardez la séquence avec le son, puis cochez (✔) parmi les informations ce que vous avez vu et / ou entendu.*

Information		**Vu**	**Entendu**
a.	groupe Jaeger-Veglia	❑	❑
b.	photocopieur	❑	❑
c.	balance électronique	❑	❑
d.	télécopieur	❑	❑
e.	circuit de compact disque	❑	❑
f.	automate	❑	❑
g.	aéronautique	❑	❑
h.	automobile	❑	❑

2 *Répondez aux questions suivantes :*

2.1 Comment sont habillées les personnes qui travaillent dans l'entreprise ?

....

....

....

....

....

2.2 Comment est organisé le bureau (style traditionnel, paysagé, ouvert) ? Pourquoi ?

....

....

....

....

....

Compréhension

3 *Regardez la séquence avec le son, puis choisissez les affirmations correctes.*

3.1 La personne interrogée s'appelle
- **a.** Gérard Génestier.
- **b.** Gérard Génier.
- **c.** Gérard Gestier.

3.2 Elle occupe les fonctions de
- **a.** directeur général et financier.
- **b.** directeur général et commercial.
- **c.** directeur général et technique.

3.3 SM2E
- **a.** appartenait autrefois au groupe Jaeger-Veglia.
- **b.** a racheté une usine au groupe Jaeger-Veglia.
- **c.** a repris le groupe Jaeger-Veglia.

3.4 L'entreprise fabrique ses produits en fonction
- **a.** du marché.
- **b.** du bénéfice réalisable.
- **c.** de la demande de ses clients.

3.5 L'entreprise réalise la majeure partie de ses exportations
- **a.** sur le continent.
- **b.** en Europe continentale.
- **c.** en Angleterre.

4 *Complétez le tableau suivant avec les données entendues.*

FORME JURIDIQUE DE LA SOCIÉTÉ : S.A.

Capital
- 1988 ....
- 1991 ....

Effectifs
- 1988 ....
- 1991 ....

Chiffre d'affaires
- 1988 ....
- 1991 ....

Part à l'exportation
- 1991 ....
- Objectifs 1993 ....

Exploitation

5 *Complétez le texte avec les mots et expressions employés dans la séquence pour présenter la société.*

a. .... Gérard Génestier. .... de la direction commerciale de SM2E. .... d'une société .... il y a trois ans par la .... d'une unité de production du groupe Jaeger-Veglia.

b. Notre .... consiste à .... des circuits électroniques. Nous nous .... de deux .... : le secteur .... avec des circuits pour magnétoscopes, le secteur .... avec des équipements très spécialisés.

c. La société est .... en S.A., avec un .... de 100 millions de francs.

6 *Complétez le texte avec les mots et expressions utilisés dans la séquence pour présenter des données chiffrées.*

a. – Nous .... avec 250 000 francs.
Aujourd'hui, en 1991, nous .... 10 000 000 de francs de capital.
Nous .... à cette augmentation de capital par apport en numéraire.

b. – Nous .... 139 personnes au départ ; aujourd'hui, nous .... en fonction de la charge, je .... 250 .... 300 personnes.

c. – Notre chiffre d'affaires cette année .... 100 millions de francs, contre 24 millions de francs lors de la reprise en 1988 : nous .... le chiffre d'affaires par quatre.
Nous .... environ 15% de notre chiffre d'affaires à l'export.

S'agit-il d'une présentation de type personnel ou impersonnel, de type familier ou formel ?

....

....

....

....

....

7 *Remplacez dans le texte les mots et expressions soulignés par des mots ou expressions équivalents employés dans la séquence.*

a. L'entreprise a <u>débuté</u> .... avec 139 personnes.

b. Le Conseil d'administration a décidé <u>d'augmenter le capital.</u> ....

Cela se fera par <u>une contribution financière</u> .... d'investisseurs étrangers.

c. Le nombre d'employés varie <u>avec la quantité de travail.</u> ....

d. Pour se lancer dans les affaires, on peut soit fonder sa propre société, soit <u>racheter</u> .... une société existante.

e. La part des exportations : 10% à l'heure actuelle, devrait être <u>amenée à</u> .... 50% dans trois ans.

Communication

8 *À partir du texte précédent, faites une présentation de la société SM2E dans un style impersonnel et formel. Utilisez par exemple des verbes à la voix passive ou à la forme pronominale.*

Lors de la création de la société en 1988, le capital s'élevait à 250 000 francs. ....

....

....

....

....

....

FABRICATION

INTERVIEW **début :** 17'13 **durée :** 02'28

Repérages

1 *Regardez la séquence sans le son, puis choisissez les affirmations correctes.*

1.1 Les personnes que l'on voit travailler sont
- **a.** uniquement des femmes.
- **b.** des femmes et des hommes.
- **c.** majoritairement des femmes.

1.2 La personne sur la première machine
- **a.** pose des éléments sur des cartes puis les vérifie.
- **b.** pose des cartes sur la machine puis les vérifie.
- **c.** pose des cartes sur la machine puis fixe des éléments à la main.

1.3 Gérard Génestier fait des gestes pour expliquer comment
- **a.** fonctionnent les cartes.
- **b.** on fabrique les cartes.
- **c.** on répare les cartes.

1.4 L'ouvrier sur le photocopieur effectue une opération de
- **a.** vérification.
- **b.** fabrication.
- **c.** finition.

Compréhension

2 *Regardez la séquence avec le son, puis choisissez les affirmations correctes.*

2.1 La machine travaille à la vitesse de
- **a.** 2 000 à 14 000 composants à l'heure.
- **b.** 12 000 à 14 000 composants à l'heure.
- **c.** 2 000 à 4 000 composants à l'heure.

2.2 L'entreprise possède des machines à
a. chargement automatique et manuel.
b. chargement automatique uniquement.
c. chargement manuel uniquement.

2.3 Une opération de "retouche" est une opération où on
a. corrige un défaut.
b. effectue les opérations finales.
c. effectue des réglages.

2.4 Une carte-mère de photocopieur contrôle
a. une fonction.
b. plusieurs fonctions.
c. toutes les fonctions.

2.5 Les composants utilisés sur les cartes des photocopieurs proviennent
a. soit d'Europe, soit d'Amérique.
b. d'Europe et d'Asie.
c. d'Asie et parfois d'Europe.

2.6 Les cartes-mères sont installées dans les photocopieurs
a. chez le fabricant de ces machines.
b. chez SM2E.
c. chez SM2E ou chez le fabricant, suivant le cas.

Exploitation

3 *Repérez, en utilisant éventuellement la transcription, les mots et expressions qui marquent l'accord, la volonté de coopération entre les deux personnages.*

....

....

4 *Reconstituez des répliques cohérentes entre les personnages A et B. B répond à A en employant des mots qui marquent son accord.*

	A	B	
1	Est-ce que je pourrais vous rencontrer aujourd'hui ?	Tout à fait Justement	je voulais vous parler.
2	Nous sommes d'accord ?	Bien sûr Absolument	il n'y a plus de problème.

Communication

5 *Imaginez que vous avez visité l'atelier en compagnie de Monsieur Génestier. Vous avez pris les quelques notes ci-dessous pendant la visite.*
Vous devez maintenant en rendre compte oralement.
Utilisez pour cela les notes, en les reformulant (faites des phrases avec des verbes).

NOTES

- visite at. av. M. Génestier, dir. commer.
- objet : fabric. cartes-mères p. photocop.
- insert. compo. auto (12 - 14 000/h) sauf charg.
- contrôle visuel prés. <u>100%</u> cartes
- → qualité
- orig compos → 50 Asie / → 50 Europe

DÉMARCHE COMMERCIALE (1ère partie)

SIMULATION **début :** 19'41 **durée :** 01'28

Repérages

1 *Regardez la séquence sans le son, puis indiquez si les informations sont vraies ou fausses.*

Information	Vrai	Faux
a. L'employée est appelée par Gérard Génestier.	❑	❑
b. Gérard Génestier et sa collaboratrice rencontrent un problème.	❑	❑
c. Ils se disputent.	❑	❑
d. Ils étudient plusieurs documents.	❑	❑
e. Gérard Génestier donne des instructions à sa collaboratrice.	❑	❑

Compréhension

2 *Regardez la séquence avec le son, puis choisissez les affirmations correctes.*

2.1 La discussion se situe
- **a.** avant les fêtes de fin d'année.
- **b.** pendant les fêtes de fin d'année.
- **c.** juste après les fêtes de fin d'année.

2.2 Gérard Génestier et Marie Evaristo parlent d'un problème de
- **a.** prix.
- **b.** qualité.
- **c.** délais.

2.3 Gérard Génestier
- **a.** demande à sa collaboratrice de résoudre elle-même le problème.
- **b.** propose une solution pour résoudre le problème.
- **c.** décide de traiter personnellement le problème.

2.4 Après enquête de Marie Evaristo, il s'avère que le problème est le fait

a. de SM2E.
b. du client.
c. de SM2E et du client.

2.5 Dans cette séquence, Marie Evaristo a une attitude

a. moins positive que celle de son directeur.
b. aussi positive que celle de son directeur.
c. plus positive que celle de son directeur.

Exploitation

3 *Relevez et classez dans le tableau ci-dessous les connecteurs argumentatifs utilisés (en vous aidant éventuellement de la transcription).*

Explication	Confirmation	Opposition	Consécution
puisque	en effet		et puis après

À quoi est due la présence de ces connecteurs ?

....

....

....

4 *Recomposez un dialogue cohérent à partir des répliques des personnages A et B, qui ont été mélangées (la plupart contiennent un connecteur).*

A1 A ce moment-là, vous auriez dû me prévenir à temps.
A2 Je comprends votre décision. J'espère que vous avez quand même apprécié votre séjour ici.
A3 Avez-vous terminé l'étude que je vous avais demandée ?
A4 Eh bien, puisque vous reconnaissez votre responsabilité, vous devez en tirer les conclusions qui s'imposent.
B1 Non, cela ne m'intéresse plus.
B2 Justement, je voulais vous annoncer que j'ai décidé de quitter la société.
B3 En effet, j'ai commis une erreur.

5 *Quel est le rapport hiérarchique entre les personnages A et B ?*

Communication

6 *Imaginez que vous êtes à la place de Marie Evaristo. Rédigez le fax destiné au client. Il devra comporter les éléments suivants :*

– l'objet du fax ;
– le fait que vous avez vérifié l'état de la situation ;
– la responsabilité du client, mais sans le heurter ;
– la difficulté de répondre entièrement à sa demande ;
– les efforts que la société fera pour le satisfaire ;
– une formule de politesse courte, votre fonction ou le service auquel vous appartenez.

DÉMARCHE COMMERCIALE (2e partie)

INTERVIEW **début :** 21'09 **durée :** 00'59

Repérages

1 *Regardez la séquence avec le son, puis cochez (✔), parmi les informations, ce que vous avez vu et/ou entendu.*

Information	**Vu**	**Entendu**
a. Monde.	❑	❑
b. Düsseldorf.	❑	❑
c. Japon.	❑	❑
d. Sud-Est asiatique.	❑	❑
e. Londres.	❑	❑
f. Europe continentale.	❑	❑
g. Etats-Unis.	❑	❑
h. Concurrence.	❑	❑

Compréhension

2 *Complétez la fiche suivante, qui présente la démarche commerciale de la société.*

CLASSEMENT PARMI LES SOUS-TRAITANTS FRANÇAIS : 5e - 6e

IMPLANTATIONS A L'ETRANGER

- Europe de l'Ouest ....
- Asie du Sud-Est ....
- Amérique du Nord ....

POINTS FORTS

- démarche ....
- qualité...
....

Exploitation

3 *Gérard Génestier présente de façon très positive la démarche commerciale de sa société. Relevez les mots et expressions qu'il emploie à cet effet.*

....

....

....

....

Communication

4 *Vous avez repéré lors de l'activité précédente les mots et expressions employés pour présenter des faits de façon positive.*
Il en existe d'autres, notés dans la liste ci-dessous.
Utilisez-les pour mettre en valeur les résultats de la société RABCO.

adverbes	**adjectifs**	**verbes**	**noms et expressions**
tout à fait	remarquable	atteindre	augmentation
	exceptionnel	franchir	progression
	record	augmenter	niveau
	sans précédent	doubler	barre symbolique

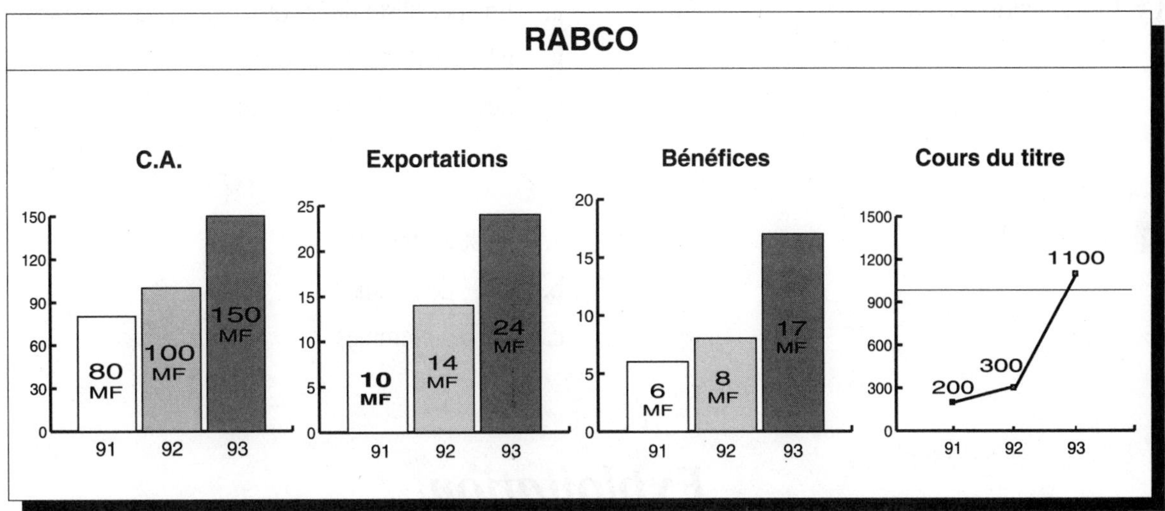

La société RABCO est fière de vous communiquer ses résultats pour 1993, qui font d'elle un champion du dynamisme dans le secteur de l'horlogerie de luxe.

....

....

FORMATION

INTERVIEW **début :** 22'08 **durée :** 01'43

Compréhension

1 *Regardez la séquence avec le son, puis choisissez les affirmations correctes.*

1.1 La société consacre à la formation du personnel
- **a.** 1,2 % de la masse salariale.
- **b.** 9,1 % de la masse salariale.
- **c.** 4,5 % de la masse salariale.

1.2 Un nouvel employé reçoit une formation de
- **a.** 15 jours.
- **b.** 30 jours.
- **c.** 15 à 30 jours selon les cas.

1.3 La formation est assurée par
- **a.** un spécialiste de la formation, et des employés.
- **b.** un spécialiste de la formation.
- **c.** des employés expérimentés.

1.4 SM2E emploie
- **a.** 80 % de femmes.
- **b.** 40 % de femmes.
- **c.** 24 % de femmes.

Exploitation

2 *Complétez les phrases avec des mots et expressions utilisés par Monsieur Dornier dans la séquence.*

a. En 1993, la société .... 5 MF* à la recherche-développement.

b. .... de l'année dernière .... par des pertes de 2 MF*.

c. Les coûts de revient de l'année écoulée .... légèrement les prévisions (+ 1,2 %).

d. J'espère pouvoir .... un nouveau type de relations avec les syndicats, basé sur la confiance.

e. En 1993, 5 personnes nous ont quittés (départs en retraite), et 10 nous ....

f. Pour que votre demande soit valable, elle doit être .... par votre chef de service.

g. .... des machines est élevé, de façon à toujours disposer du matériel le plus performant.

h. Sur la .... d'assemblage de SM2E, on n'aperçoit que des femmes.

i. L'armement est .... qui connaît actuellement une crise importante.

* MF : million de francs

Communication

3 *Regardez à nouveau la séquence en imaginant que vous assistez à l'interview. Notez les informations les plus intéressantes.*

4 *En vous aidant de vos notes, présentez la formation dans la société SM2E.*

....

....

....

....

....

....

....

....

....

....

PERSPECTIVES

INTERVIEW **début :** 23'51 **durée :** 02'39

Compréhension

1 *Regardez la séquence avec le son, puis choisissez les affirmations correctes.*

1.1 SM2E veut être en 1995, au minimum
- **a.** leader dans le monde occidental.
- **b.** leader en Europe.
- **c.** leader en Europe continentale.

1.2 Pour être leader, la société devra
- **a.** employer 500 personnes et réaliser un C.A.* de 500 MF**.
- **b.** employer moins de 500 personnes et réaliser un C.A. de 500 MF.
- **c.** employer 500 personnes et réaliser un C.A. de plus de 500 MF.

* C.A. : chiffre d'affaires **MF : million de francs

1.3 Dans la société, les horaires sont
- **a.** fixes.
- **b.** variables.
- **c.** fixes ou variables, selon le poste occupé.

1.4 Pour Gérard Génestier,
- **a.** il n'y a que de bons employés.
- **b.** il y a de bons et de mauvais employés.
- **c.** il n'y a ni bons ni mauvais employés.

2 *Gérard Génestier présente la stratégie de la société : elle comporte deux volets et il donne pour chaque volet deux exemples. Complétez le schéma suivant avec les informations nécessaires.*

STRATÉGIE DE SM2E

1 - *développement d'une culture d'entreprise*	2 - *utilisation optimale des ressources humaines et techniques*
1.1	2.1 ....
1.2	2.2 ....

Exploitation

3 *Complétez les phrases (deux solutions sont parfois possibles).*

a. se traduisent / se matérialisent / s'expriment

Les progrès réalisés .... par un bénéfice en forte hausse.

b. repose / se base / s'appuie

Notre stratégie .... sur des idées simples.

c. ultime / suffisante / optimale

Sur nos nouveaux modèles, nous sommes arrivés à une utilisation ....des possibilités de ce microprocesseur.

d. ordonnés / assignés / fixés

Les objectifs qui vous ont été .... sont très ambitieux.

e. logique de consensus / méthode de consensus / logique d'accord

Pour éviter les conflits, je propose que nous travaillons en ....

f. chargé(e) / rempli(e) / investi(e)

A partir du mois prochain, vous serez .... d'une nouvelle mission : préparer la reprise de la société EUROTECH.

g. sensibles / conséquentes / importantes

J'ai réussi à réaliser des économies .... , de l'ordre de 40%.

h. va de pair avec / s'accompagne de / suit

Notre recherche de la fiabilité .... celle de la qualité du service après-vente.

4 *Imaginez une discussion entre des représentants de la direction d'une société fictive (groupe A) et de son personnel (groupe B).*

Ces derniers critiquent la politique de la direction car elle est, selon eux, uniquement destinée à accroître les bénéfices réalisés, au détriment des conditions de travail.

Le groupe B développera, par exemple, les points suivants :

- travail 24 h sur 24 h (3 x 8),
- accroissement de la productivité (ratio de 1 MF/personne),
- pratiques pseudo-démocratiques (horaires),
- paternalisme (bonne personne au bon endroit),
- culpabilisation du personnel (qualité).

Le groupe A contrera les arguments développés.

Transcription

Séquence initiale de présentation (sans intertitre)

début : 14'46 - durée : 02'27

G.G. : Gérard Génestier, C.L. : Claude Le Ninan

G.G. je m'appelle euh Gérard Génestier / je suis directeur général de la société / et au plan opérationnel euh je m'occupe de la direction commerciale /

C.L. votre société s'appelle SM2E / qu'est-ce que ça signifie ? /

G.G. comme le sigle euh ne l'indique pas / euh SM2E signifie / société européenne / d'électronique et de micro-électronique / il s'agit d'une société / que / nous avons créée il y a environ trois ans et demi / pour reprendre un centre de production qui appartenait euh auparavant au groupe Jaeger-Veglia /

C.L. quel est votre métier ? /

G.G. les les métiers le notre métier est le métier de la sous-traitance électronique / c'est-à-dire que nous fabriquons sur euh cahier des charges de nos clients / pour différents secteurs / euh les principaux secteurs de notre activité à nous SM2E / sont / la bureautique / c'est-à-dire euh la fabrication / d'alimentations électriques pour photocopieurs télécopieurs / et diverses machines utilisées dans les bureaux / sont euh le grand public avec par exemple euh les circuits électroniques de de balance électronique / avec euh des circuits de / de compact disques / nous travaillons également dans le domaine professionnel / dans le domaine des automates / et nous travaillons / pour l'automobile / ce sont les quatre grands secteurs / que / nous traitons /

C.L. et quelle est la forme juridique de la société actuellement ? /

G.G. oh nous sommes constitués en SA / et ceci euh dès le début / nous avons démarré avec un capital de 250 000 francs / et aujourd'hui nous sommes à 10 000 000 de francs de capital /

C.L. vous avez procédé à cette augmentation de capital de quelle manière ? /

G.G. nous avons procédé à cette augmentation de capital par apport en numéraire / de façon à faire face / au développement de la société / puisque nous étions 139 personnes au départ / et que aujourd'hui nous sommes euh / en fonction de la charge je dirai 250 à 300 personnes /

C.L. ça veut dire que les march- les affaires marchent bien /

G.G. effectivement les affaires marchent pas trop mal /

C.L. et quel est votre chiffre d'affaires par exemple ? /

G.G. alors notre chiffre d'affaires cette année sera de 100 millions de francs / euh lors de la reprise en 1988 il était seulement de 24 millions de francs / ce qui veut dire que nous avons multiplié environ le chiffre d'affaires par 4 / en trois ans / euh ce qui d'ailleurs a nécessité l'augmentation de capital /

C.L. et vous réalisez quelle part de votre chiffre d'affaires à l'exportation /

G.G. nous réalisons actuellement environ 15 % de notre chiffre d'affaires à l'export / ce chiffre devant être porté à terme / c'est-à-dire d'ici un an ou deux / à 50 % environ /

C.L. et sur quelle zone géographique ? /

G.G. essentiellement euh je dirai sur euh l'Europe continentale et un petit peu sur l'Angleterre /

Fabrication

début : 17'13 - durée : 02'28

G.G. : Gérard Génestier, C.L. : Claude Le Ninan

G.G. voici une machine à insérer les composants axiaux / c'est-à-dire les composants / dont dont les pattes sont dans l'axe du corps / la machine est entièrement automatique / sa cadence de production est d'environ / oh euh 12 000 14000 composants à l'heure / donc vous voyez ici la manoeuvre manuelle / qui est une manoeuvre de chargement / Il existe par ailleurs des machines à chargement automatique / dont certaines sont dans cet atelier / la personne actuellement est en train de réaliser un contrôle visuel / de présence ou de non-présence des composants / ceci est fait de façon systématique / sur 100 % des cartes /

G.G. ici nous arrivons euh à la fin pratiquement à la fin du process / nous sommes sur une ligne dite ligne CCR / c'est-à-dire contrôle conformité retouches /

C.L. mais je vois là les les pos - les personnes procèdent à des opérations de soudage / il s'agit donc de retouches /

G.G. tout à fait ce qu'on appelle / ce qu'on appelle en terme de métier retouche / en fait il s'agit donc des dernières opérations / de soudage manuel sur ces cartes / le l'autre opération qui est faite sur cette ligne est / euh ce qu'on appelle le contrôle conformité / on vient donc vérifier la conformité des cartes / par rapport au plan de base /

C.L. est-ce que ça participe à la qualité ? /

G.G. euh absolument / c'est-à-dire que / euh ça c'est une opération / qui fait partie de / de la qualité / puisque on vient vérifier la conformité par rapport / aux spécifications du client /

C.L. et ce sont des cartes-mères j'imagine ? /

G.G. oui tout à fait il s'agit donc de cartes-mères euh destinées à des photocopieurs / ces cartes pilotent l'ensemble des fonctions / de l'appareil /

C.L. est-ce que vous pouvez euh m'expliquer un peu plus en détail euh ce dont il s'agit ? /

G.G. oui donc euh il s'agit d'une carte qui va piloter euh les fonctions une par une euh du photocopieur / et nous avons ici un exemple caractéristique de technologie mixte / c'est-à-dire de technologie traversante où le composant vient traverser la carte / et de composants montés à la surface de la carte /

C.L. oui justement à propos de cette de ces composants ils sont de quelle origine ? /

G.G. environ 50 % asiatiques et 50 % européens /

G.G. donc nous sommes maintenant arrivés à la phase finale de contrôle / il s'agit donc / du test fonctionnel de la carte / on vient vérifier l'ensemble du bon fonctionnement / des différentes foncions de la carte /

C.L. qui vont être après intégrées dans le photocopieur ? /

G.G. la carte ensuite bien sûr est intégrée / dans le photocopieur et exactement à la place / où arrivent les fils actuellement /

Démarche commerciale *(1ère partie)* — *début : 19'41 - durée : 01'28*

M.E. : Marie Evaristo, G.G. : Gérard Génestier

M.E. Gérard je viens d'avoir une note d'un client / qu'est-ce qu'on fait / euh il demande à être livré pour Noël /

G.G. ah oui en effet / bon / allez / bon / là ce qu'il faudrait faire là Marie / il faudrait faire refaire le total de ce qu'on a livré jusqu'à maintenant / voir si ça correspond bien / à 3138 /

M.E hum hum /

G.G. ou plus / et puis après regarder quand est-ce qu'on a reçu les composants / date par date / et puis euh regarder nous en production ce qu'on a fait par rapport à la date de réception des composants /

M.E. donc je peux lui répondre euh bon que je vais faire le point /

G.G. tout à fait / ré- faire le point et puis lui dire qu'on le rappellera une fois qu'on aura fait le point et puis en cours de process /

M.E. justement j'ai fait le point de tout ce qu'on a livré depuis le début /

G.G. oui /

M.E. et euh je m'aperçois là qu'on va avoir un petit problème pour euh livrer pour ce - pour la date qu'il nous demande / puisqu'on a reçu euh les composants un peu tard /

G.G. oui ben à ce moment-là il faut simplement lui dire que du fait qu'on a reçu les composants un petit peu tard / c'est en- c'est sa responsabilité / lui faire un fax / et lui dire bon ben en fonction des dates de réception des composants / nous on ne peut livrer / euh que ce que l'on peut faire tous les jours / et lui lui lui expliquer /

M.E. parce que là il ne nous reste plus que deux jours / euh les quantités vont être quand même minces / à livrer /

G.G. lundi / lundi et mardi /

M.E. oui /

G.G. bon il faut lui expliquer que / avant les fêtes de fin d'année / on ne peut lui livrer que les quantités que l'on peut fabriquer / en fonction des dates de réception des composants /

Démarche commerciale *(2e partie, sans intertitre)*

début : 21'09 - durée : 00'59

C.L. : Claude Le Ninan, G.G. : Gérard Génestier

C.L. quelle est votre démarche commerciale ? /

G.G. notre démarche commerciale se tourne résolument vers le euh je dirai la le monde entier / puisque nous avons euh un ingénieur technico-commercial basé à Düsseldorf / nous avons euh une équipe euh basée au Sud-Est asiatique à Singapour essentiellement / et nous avons également euh une équipe commerciale basée à Londres / et nous avons euh quelques partenaires / aux Etats-Unis / donc nous avons une démarche commerciale / euh je dirai qui est totalement internationale / et ceci dès le départ /

C.L. comment vous situez-vous par rapport à vos concurrents ? /

G.G. la démarche commerciale que nous avons est déjà un plus par rapport à nos concurrents / puisque peu de nos concurrents / ont une démarche aussi internationale que la nôtre / c'est un un premier point / euh nous sommes environ les cinquièmes sixièmes euh sous-traitants français / et nos notre démarche est originale / par notre démarche commerciale / par notre démarche qualité / et euh c'est un point très important / nous cherchons à avoir une une qualité dans le délai / le prix / et la qualité intrinsèque du produit /

Formation

début : 22'08 - durée : 01'43

C.L. : Claude Le Ninan, A.D. : Alain Dornier

C.L. monsieur Dornier / vous êtes responsable du service formation à SM2E /

A.D. oui /

C.L. j'aurais une première question / quelle somme consacrez-vous à la formation ? /

A.D. SM2E consacre une somme relativement importante au budget formation / puisque euh par rapport à l'obligation légale qui est de 1,2 % de la masse salariale / euh l'exercice 91 se soldera par 4,5 à peu près /

C.L. et pour quelle raison est-ce que vous dépassez le minimum légal ? /

A.D. euh puisque le besoin s'en- se fait sentir / et que nous avons instauré depuis 91 euh une formation assez typique / à la société / dans le sens où tout nouveau employé / qui rejoint donc le groupe / passe par une séance de formation de 15 jours euh en salle / validée par une séance de 15 jours en atelier /

C.L. et une fois que les gens sont bien formés par vos soins est-ce qu'ils n'ont pas tendance à aller chercher du travail ailleurs / en d'autres termes est-ce qu'ils vous restent fidèles ou non ?/

A.D. le taux de rotation est très faible donc je pense que le personnel est satisfait /

C.L. comment sont intégrés les nouveaux arrivants dans les ateliers ? /

A.D. la procédure de formation en atelier euh inclut donc le parrainage / de ces nouveaux inté- employés / le parrainage consiste en fait euh pour un nouvel employé à s'intégrer entre deux postes / d'employés certifiés / le travail sera le même / et la marraine pourra valider à chaud / corriger / les déviations / de la stagiaire /

C.L. vous parlez de marraine ça signifie qu'il y a uniquement des femmes sur cette chaîne ? /

A.D. principalement oui /

C.L. et quelle est la proportion de façon générale de femmes euh dans l'entreprise ? /

A.D. 80 % /

C.L. et c'est typique de cette branche d'activité ? /

A.D. euh je le pense / oui /

Perspectives

début : 23'51 - durée : 02'39

C.L. : Claude Le Ninan, G.G. : Gérard Génestier

C.L. monsieur Génestier / quels sont les objectifs de votre société ? /

G.G. nos objectifs sont relativement ambitieux / puisque nous avons le la volonté / d'être en 1995 le leader européen / de la sous-traitance tout du moins en Europe continentale / ce qui se matérialise par euh environ un chiffre d'affaires d'environ 500 millions de francs / pour 500 personnes / et d'atteindre le fameux quota / le fameux ratio de 1 million de francs par personne / notre stratégie repose sur deux points essentiels / premièrement le développement d'une culture d'entreprise très forte et deuxièmement l'utilisation optimale des ressources humaines et des ressources techniques de l'entreprise /

C.L. et est-ce que vous pouvez préciser ce que vous entendez par culture d'entreprise ? /

G.G. oui / bon l- culture d'entreprise c'est un mot c'est très difficile à définir / mais en fait c'est euh / développer une idée dans l'entreprise / développer euh l'idée que dans no- notre entreprise est unique / et que nous avons une certaine façon de nous comporter à l'intérieur de l'entreprise / tant sur le plan humain que sur le plan / de la réalisation des objectifs techniques que nous nous sommes assignés /

C.L. est-ce que vous pouvez me donner un exemple ? /

G.G. oui je vous donnerai même peut-être deux exemples / un exemple euh anecdotique mais tout de même sérieux pour les personnes qui ont un choix à faire / nous avons euh organisé par référendum / euh les horaires de travail de l'entreprise / c'est-à-dire que pour décider à quelle heure on arrivait le matin / et à quelle heure on sortait le soir / on a fait un référendum général dans l'entreprise / ça a duré deux mois / mais nous avons tenu- euh nous avons travaillé en

Transcription

logique de consensus plutôt que de travailler en imposition euh d'un choix que les personnes n'auraient pas fait / deuxième exemple / il s'agit du développement / de l'esprit qualité totale / à l'intérieur de l'entreprise et ce / quels que soient les services / c'est-à-dire que nous estimons qu'il est nécessaire pour produire des produits / bons du premier coup / que l'ensemble des personnes soit investi d'une mission qualité à l'intérieur de l'entreprise / et cet objectif prend euh beaucoup de temps /

C.L. vous avez parlé tout à l'heure d'utilisation optimale des ressources techniques et humaines / qu'entendez-vous par là ? /

G.G. oh je crois qu'en ce qui concerne l'utilisation euh optimale des ressources techniques c'est très simple / nous essayons de faire travailler notre équipement lourd / euh demandant un investissement conséquent / 7 jours sur 7 / 24 heures sur 24 / ceci va de pair avec euh ce que nous- on a développé auparavant / et demande un investissement total euh des ressources humaines à l'intérieur de l'entreprise / en ce qui concerne je dirai l'utilisation optimale euh des ressources humaines / il faut mettre au bon endroit les bonnes personnes / une personne peut très bien être bonne à un endroit et mauvaise à un autre / on ne dit pas elle est bonne ou elle est mauvaise / simplement on cherche à la mettre au bon endroit / et au bon poste /

C.L. donc pour vous le facteur humain est fondamental ? /

G.G. le facteur humain est absolument fondamental / c'est la seule chance de succès des entreprises européennes /

Lexique

m. : masculin, f. : féminin

anecdotique : qui n'est pas essentiel, peu important

apport en numéraire (m.) : action d'ajouter de l'argent au capital

assigner (s') : donner (se), fixer (se)

atelier (m.) : partie d'une usine où l'on fabrique les produits

automate (m.) : robot

à chaud : immédiatement

basé : installé

bureautique (f.) : ensemble des machines électroniques utilisées dans les bureaux, et qui permettent d'accroître la productivité (par exemple : photocopieurs, téléfax, traitements de texte

cadence (f.) : rythme

cahier des charges (m.) : document contractuel qui définit entre un client et un fournisseur, à l'initiative du premier, les caractéristiques d'un produit ou d'un service donné que celui-ci souhaite acheter

carte-mère (f.) : ensemble des composants électroniques les plus importants, regroupés sur une plaque

centre de production (m.) : usine

certifié : expérimenté

charge (f.) : travail à effectuer

chiffre d'affaires (m.) : montant total des ventes sur une période donnée

composant (m.) : élément (transistor, par exemple) utilisé pour la réalisation de circuits électroniques

conséquent : important

coup (m.) : fois

cours du titre (m.) : valeur d'une action

démarche (f.) : attitude

déviation (f.) : erreur

effectifs (m.) : nombre de personnes employées

exercice (m.) : période (généralement un an) comprise entre deux budgets

export (f.) : exportation

facteur (m.) : élément

fax (m.) : télécopie, message envoyé au moyen d'un télécopieur (téléfax, fax)

fiabilité (f.) : résistance, probabilité qu'un produit fonctionne sans problème pendant une période donnée

imposition (f.) : attitude qui repose sur l'utilisation de l'autorité

insérer : faire pénétrer

instaurer : établir, mettre en place

intrinsèque : propre, qui appartient à l'objet lui-même

investir : confier une responsabilité à quelqu'un

investissement (m.) : implication

légal : conforme à la loi

logique de consensus (f.) : attitude qui recherche l'accord des personnes concernées

marraine (f.) : femme qui aide une collègue sans expérience

masse salariale (f.) : somme représentée par les salaires (charges sociales comprises)

matérialiser (se) : se traduire, se manifester

mince : faible, peu important

optimal : le plus favorable

parrainage (m.) : action d'aider quelqu'un

piloter : commander, contrôler

plan opérationnel (au) : niveau de la fonction dans l'entreprise (au)

plus (un) : un avantage

porter à terme : augmenter entre maintenant et une date future

process (m.) : processus, opérations de fabrication

quota (m.) : rapport, proportion

ratio (m.) : rapport, proportion

référendum (m.) : vote direct des personnes concernées

reprendre : racheter

retouche (f.) : modification

SA (f.) : société anonyme (forme juridique de la plupart des moyennes et grandes sociétés)

service après-vente (m.) : service d'une société, qui s'occupe de résoudre les problèmes liés à l'utilisation d'un produit après son achat (par exemple : conseils, réparations)

se solder par : avoir pour résultat

soudage (m.) : action de lier deux pièces par l'action de la chaleur

sous-traitance (f.) : exécution d'un travail par une entreprise, d'après un cahier des charges, pour le compte d'une autre entreprise

spécification (f.) : caractéristique d'un produit, établie par le client

taux de rotation (m.) : pourcentage, proportion du personnel remplacé pendant une période donnée

télécopieur (m.) : téléfax (machine)

titre (m.) : action

traiter : s'occuper

valider : vérifier et approuver

L'AMY

Premier lunetier français

Durée du film : 14'09

Séquence initiale de présentation (sans intertitre) ***début :*** *26'38* ***durée :*** *02'37*

- présenter sa propre société

Création ***début :*** *29'15* ***durée :*** *01'51*

- parler de la création et du lancement d'un produit

Présentation d'un produit ***début :*** *31'06* ***durée :*** *01'46*

- mettre en valeur un produit
- présenter oralement un produit à un client
- rédiger un texte et des slogans pour présenter un produit

Distribution ***début :*** *32'52* ***durée :*** *03'21*

- exprimer la cause, la conséquence
- réclamer
- s'excuser en explicant les causes d'un problème

Stratégie ***début :*** *36'13* ***durée :*** *04'34*

- parler finance
- parler de la stratégie d'une entreprise

SÉQUENCE INITIALE DE PRÉSENTATION

INTERVIEW **début :** 26'38 **durée :** 02'37

Repérages

1 *Regardez la séquence avec le son, puis répondez aux questions .*

1.1 Où et quand a été tourné le film ?

....

1.2 Pourquoi la société s'appelle-t-elle "L'Amy" ?

....

1.3 Le travail se fait-il de façon traditionnelle (à la main) ou moderne (avec des machines) ?

....

Compréhension

2 *Regardez la séquence avec le son, puis choisissez les affirmations correctes.*

2.1 L'Amy fabrique des montures de lunettes en

- **a.** métal.
- **b.** métal et en plastique.
- **c.** métal, bois et plastique.

2.2 La société a été fondée

- **a.** au XIXe siècle.
- **b.** à la fin du XVIIe siècle.
- **c.** au XVIIIe siècle.

2.3 Au cours de son existence, la société

- **a.** a connu des problèmes graves.
- **b.** a fait faillite une fois.
- **c.** a connu un développement continu.

2.4 L'Amy occupe, selon son secrétaire général

- **a.** le premier rang mondial.
- **b.** le premier rang en France.
- **c.** l'une des premières places en France.

2.5 L'augmentation du chiffre d'affaires en 1992 s'est faite par

a. croissance interne.
b. croissance externe.
c. accroissement des exportations.

3 *Complétez la fiche avec les données entendues.*

Forme Juridique S.A. depuis...................

Capital social : ....

Part du capital coté à la Bourse de Lyon :.......................

Chiffre d'affaires en 1991 : ....

en 1992 (prévisions) :.........................

Siège social : ....

Sites industriels : Morez, Poligny, Saint-Laurent

Distribution :..

Filiales de distribution à l'étranger : ....

....

....

Exploitation

4 *Complétez le texte avec les verbes qui conviennent .*

Cousin .... une S.A. en 1970. Son capital social .... 40 MF*, dont 35% .... dans le public, la société étant cotée à la Bourse de Lyon.
La société-mère et ses filiales .... plus de 1100 personnes. En France, Cousin .... essentiellement en Auvergne pour ce qui est de la fabrication. Quant à la distribution elle .... à partir de Lyon.
Le chiffre d'affaires .... 600 MF* en 1991. Il .... 700 MF* en 1992.

*MF : million de francs

Communication

5 *Présentez la société dans laquelle vous travaillez, ou une société dans laquelle vous aimeriez travailler.*

Mentionnez les éléments suivants : métier, date de fondation, implantation, évolution au cours de son existence, effectifs, chiffre d'affaires, cotation ou non en Bourse, montant des bénéfices, avenir, etc.
Utilisez pour cela les mots et expressions que vous avez déjà vus dans la séquence de ce film, ainsi que dans les films Cobra et SM2E.

CRÉATION

INTERVIEW **début :** 29'15 **durée :** 01'51

Repérages

1 *Regardez la séquence avec le son, puis retrouvez l'ordre dans lequel Gilbert Brochet donne les informations suivantes :*

1.1 Éléments à prendre en compte pour la création d'une paire de lunettes.
a. attente consommateur
b. cible consommateur
c. caractéristiques techniques
d. objectifs de prix
e. attente distributeurs
f. objectifs de délais.

1.2 Étapes nécessaires pour fabriquer une paire de lunettes.
a. prototypage
b. test commercial
c. maquettage
d. validation du cahier des charges
e. décision interne - lancement des investissements
f. lancement du produit
g. design.

1.3 Découverte des tendances de la mode
a. suivi des changements d'habitude des consommateurs
b. analyse de la Presse
c. suivi des salons.

Compréhension

2 *Regardez la séquence avec le son, puis choisissez les affirmations correctes.*

2.1 Pour créer une paire de lunettes, l'aspect le plus important est
a. le marketing.
b. la solidité du produit.
c. l'opinion du P.D.G. à propos du produit.

2.2 Une paire de lunettes classique est

a. usée au bout de quatre ans.
b. démodée au bout de quatre ans.
c. usée et démodée au bout de quatre ans.

2.3 Pour connaître la mode, la société L'Amy fait appel à

a. un service interne.
b. une société indépendante.
c. un service interne ou une société indépendante selon les cas.

Exploitation

3 *Complétez les phrases (plusieurs solutions sont parfois possibles).*

a. Je vous propose de .... de l'étude qui avait été réalisée il y a un an.

b. L'équipe à qui nous avons confié le projet a terminé la rédaction du cahier ....

c. Ce dossier .... trois parties.

d. La première partie du dossier concerne les .... techniques à....................

e. Cette étude interne nous .... des indications précieuses.

f. Afin de progresser rapidement, nous allons nous .... les tâches.

g. Nous pouvons distinguer deux .... principales : une campagne publicitaire par voie d'affichage, suivie d'annonces dans la presse spécialisée.

h. Les .... (achat de machines, formation de nouveaux ouvriers) étant importants, nous serons contraints d'emprunter auprès de nos banques.

i. Si nous voulons rentrer dans nos frais, il faut que la .... de ce produit soit au minimum de deux ans.

j. Suivre les .... du marché est insuffisant, nous devons être capable de les....................

k. La meilleure période pour .... votre produit dans notre pays se situe au mois de février ou mars, juste avant les vacances scolaires de la saison chaude.

l. Le décollage de nos ventes devrait .... par un accroissement significatif de notre marge bénéficiaire.

m. Dès que nos propositions auront été .... par la Direction générale, nous pourrons lancer le projet.

n. Mes collaborateurs et moi nous avons défini avec précision la .... : il s'agit de citadins à fort pouvoir d'achat, âgés de 30 à 40 ans.

4 *Retrouver les expressions utilisées dans la séquence qui correspondent aux définitions suivantes :*

a. faire une étude des formes d'un produit : design

b. réaliser un modèle d'un produit futur : ....

c. évaluer la manière dont un produit est perçu par les consommateurs : ....

d. lancer la fabrication en série d'un produit : ....

e. fabriquer le premier exemplaire d'un produit : ....

Communication

5 *Imaginez une réunion entre plusieurs responsables à propos de la création et du lancement d'un produit que vous aurez choisi en commun.*

Utilisez le vocabulaire que vous avez vu au cours de l'activité précédente.

....

....

....

....

....

....

PRÉSENTATION D'UN PRODUIT

SIMULATION **début :** 31'06 **durée :** 01'46

Repérages

1 *Regardez la séquence sans le son, puis répondez aux questions.*

1.1 Quelle est la fonction de chacune des deux personnes ?

- à gauche, en chemise polo : ....

- à droite, en costume : ....

1.2 Pourquoi manipulent-elles les lunettes ?

- personne à gauche : ....

- personne à droite : ....

1.3 Que voit-on sur la table ?

....

Compréhension

2 *Regardez la séquence avec le son, puis choisissez les affirmations correctes.*

2.1 Le modèle "Modulation" est fait de

a. plastique.
b. métal et plastique.
c. métal.

2.2 "Modulation" s'adresse à un public féminin à cause des

a. couleurs choisies.
b. formes choisies.
c. des couleurs et des formes choisies.

2.3 Pour lancer ce modèle de lunettes, L'Amy propose aux opticiens

a. un mini-stage de formation.
b. du matériel de démonstration ou un mini-stage de formation.
c. un mini-stage de formation et du matériel de démonstration.

2.4 "Modulation" est un modèle

a. difficile à vendre.
b. qui se vend tout seul.
c. qui a besoin d'un environnement pour se vendre.

Exploitation

3 *Repérez et notez, en vous aidant de la transcription, les expressions utilisées par le responsable du service des ventes de L'Amy.*

a. pour mettre en valeur le produit qu'il présente :

....

....

....

....

b. pour montrer à son interlocuteur que sa société a déjà trouvé des solutions aux problèmes de lancement du produit :

....

....

....

....

4 *Complétez le texte avec les mots et expressions qui conviennent le mieux.*

Voilà / il a l'aspect d'un / il s'agit d'un / c'est un / vous avez / je vous montre / je vous fais une démonstration / la constatation / l'ensemble / vous utilisez / comme vous pouvez le constater / ne coûte que / ne fait que.

Voilà notre tout dernier modèle. .... ordinateur sans clavier. .... bloc-notes de taille standard. Il est très léger puisqu'il .... 1 kilo avec sa batterie. Il repose sur .... suivante : il est plus artificiel de taper sur des touches que d'écrire à la main. .... comment il fonctionne : .... le stylo électronique comme un stylo normal, et vous "écrivez" sur l'écran plat. La machine analyse les traits que vous tracez et les convertit en caractères d'imprimerie. Vous pouvez également dessiner : .... Et voilà, ... un double fidèle de ce que vous avez tracé à la main. .... appareil très facile à utiliser, ...
De plus, son prix est particulièrement intéressant, puisque ...., c'est-à-dire l'appareil, le stylo et son sac de transport .... 5 000 francs.

Communication

5 *Imaginez le dialogue entre A et B : A présente à B un objet réel ou imaginaire. B pose des questions à son propos.*

Utilisez pour cela les mots et expressions donnés ci-dessous.

Nature :
il s'agit de / c'est

Aspect :
être rond / carré / rectangulaire / cylindrique / être de couleur / avoir une forme / avoir la forme de / se présenter sous la forme de / ressembler à

Composition :
se composer de / être composé de / comporter / être formé de / comprendre / être constitué de

Qualités :
joli / beau / esthétique / agréable à voir / petit / grand / spacieux / de taille réduite / léger / bien conçu / solide / fiable / facile à utiliser / simple / rapide / performant / utile / efficace

Dimensions :
mesurer ... de long / de large / d'épaisseur / de profondeur
la longueur / largeur / épaisseur / profondeur est de
être long / large / épais / mince / profond

Poids :
peser / faire

Matière :
être en / bois / métal / (matière) plastique / matériaux composites / textile / céramique / cuir

Fonction :
servir à / permettre de / pouvoir
rendre possible

6 *Rédigez un court texte présentant le modèle "Modulation". Reprenez pour cela les arguments développés dans la séquence, ainsi que les éléments ci-dessous.*

– Concept : 1 monture métal avec verres + des faces interchangeables en plastique = lunettes différentes.
– Avantage : économies (1 seule monture avec verres).

....

....

....

....

7 *Imaginez des slogans pour des supports publicitaires destinés à promouvoir la vente de "Modulation".*

....

....

....

DISTRIBUTION

INTERVIEW **début :** 32'52 **durée :** 03'21

Compréhension

1 *Regardez la séquence avec le son, puis choisissez les affirmations correctes.*

1.1 Les stocks sont nécessaires pour
- **a.** minimiser les coûts.
- **b.** livrer rapidement.
- **c.** maintenir la qualité du produit.

1.2 Pour la vente en France, le stockage s'effectue
- **a.** à Morez, où sont fabriquées les lunettes.
- **b.** à Paris.
- **c.** à Morez pour la vente en province, et à Paris pour la vente dans la région parisienne.

1.3 L'Amy approvisionne
- **a.** 6000 opticiens.
- **b.** 10000 opticiens.
- **c.** 1600 opticiens.

1.4 La distribution entre grossistes et opticiens se fait la nuit pour réduire
- **a.** les embouteillages.
- **b.** les coûts de transport.
- **c.** les délais de transport.

1.5 La facturation pour l'étranger se fait
- **a.** en francs français ou en dollars.
- **b.** dans la devise du pays concerné.
- **c.** toujours en francs français.

1.6 La société cherche à
- **a.** profiter d'une augmentation du dollar.
- **b.** se protéger des hausses ou des baisses du dollar.
- **c.** se protéger d'une baisse du dollar.

1.7 L'Amy utilise les services de la COFACE pour ses ventes
- **a.** dans le monde entier.
- **b.** en Italie et aux États-Unis.
- **c.** Aux États-Unis.

2 *Complétez ces schémas, qui ont été présentés par Monsieur Mairot.*

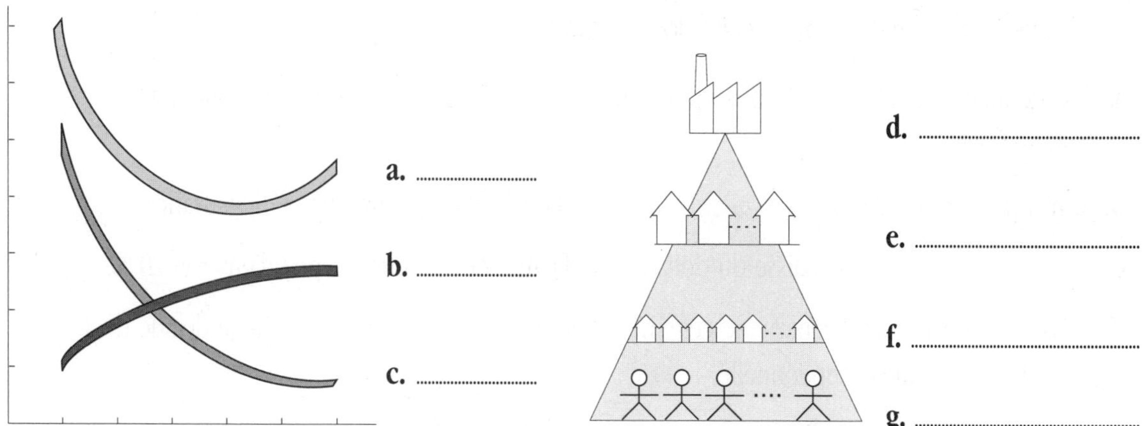

3 *Indiquez sur la carte le trajet suivi par des paires de lunettes fabriquées à Morez et vendues à Dijon, Lyon, Paris, Rennes.*

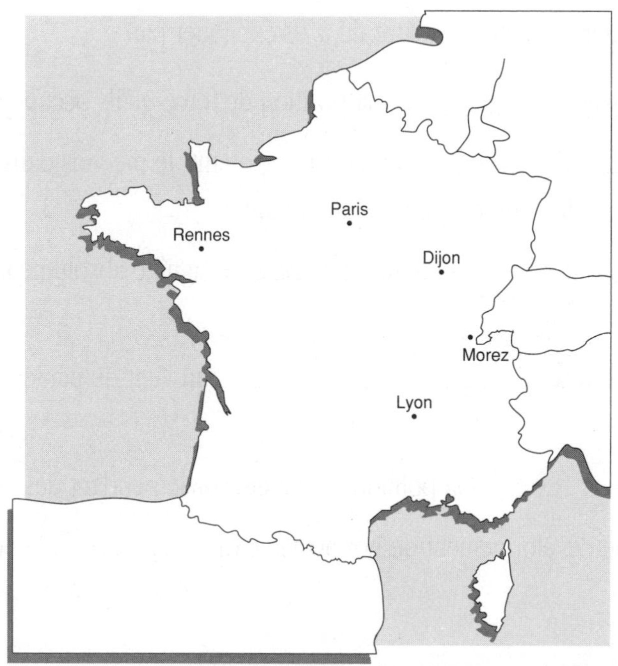

Exploitation

4 *Repérez et notez, en utilisant la transcription, les mots et expressions utilisés pour exprimer une relation de cause-conséquence dans les extraits suivants :*

- Jean Mairot : "plusieurs semaines ... livraison", "alors le réseau ... consommateur final".
- Anne-Claire Mesnier : "en ce qui concerne ... en dollars", "pour les ouvertures ... Etats-Unis".

a. Jean Mairot : ....

b. Anne-Claire Mesnier : ....

5 *Complétez les phrases avec les mots ou expressions qui conviennent.*

alors / aussi / à cause de / donc / étant donné / par suite de

a. Tout le monde étant d'accord, nous pourrons .... signer le contrat à la date prévue.

b. Je n'ai pu arriver à temps .... la grève des contrôleurs aériens français.

c. .... la baisse du dollar, votre facture devrait être allégée d'environ 20 %.

d. Vous avez remarquablement mené cette négociation. .... ai-je décidé de vous accorder une prime exceptionnelle.

e. .... la fidélité que vous nous témoignez, je peux vous consentir une remise de 3 %.

f. Si vous avez une remarque à faire .... faites-la tout de suite et non pas au bout d'une heure !

6 *Complétez les phrases avec les verbes donnés, qui marquent la cause ou la conséquence selon les cas.*

causer / entraîner / provoquer / résulter de / être dû à / s'expliquer par.

a. Leur refus de négocier peut .... la position de force qu'ils occupent sur le marché.

b. Votre annulation nous .... un préjudice important. Je me vois dans l'obligation de vous demander le versement des indemnités prévues au contrat.

c. Ce retard .... des lenteurs administratives, il ne signifie absolument pas un retour en arrière de notre part.

d. La chute des cours à la Bourse hier matin .... un vent de panique chez les petits porteurs.

e. La situation actuelle .... la politique qui a été suivie pendant des années.

f. Je vois avec plaisir que le développement de nos activités va .... l'embauche d'une cinquantaine d'employés.

7 *Complétez les phrases avec les mots et expressions qui conviennent.*

détaillant / dépôt / grossiste / rupture de stock / réseau de distribution / approvisionner / constituer des stocks / livrer.

a. Nous devons .... importants dès maintenant si nous voulons être capables de satisfaire la demande au moment des fêtes de fin d'année.

b. Il faudrait .... notre distributeur sur la Côte Est rapidement. Ses stocks sont à un niveau très bas.

c. Grâce au rachat de la chaîne de magasins Dill, nous allons pouvoir étendre notre .... à l'ensemble du pays.

d. Pas de problème, je vais faire .... votre commande demain au plus tard.

e. Allô ! Je viens de téléphoner au .... Nous avons encore 5 appareils du type qui vous intéresse. Est-ce que cela vous suffit pour le moment ?

f. Un ....vient d'appeler : son .... refuse de le livrer. Que faisons-nous ?

g. Je suis désolé, mais nous sommes en .... pour le moment. Nous espérons pouvoir reprendre nos livraisons dans une dizaine de jours.

Communication

8 *Imaginez le dialogue téléphonique entre un acheteur A et un vendeur B. A appelle B pour lui dire que sa commande est en retard. Il demande quand il pourra être livré. B présente des excuses au nom de la société et lui explique les causes de ce retard.*

Utilisez certains mots et expressions ci-dessous pour exprimer la cause ou la conséquence.

Verbes :
agir sur / augmenter / avoir pour cause / avoir pour conséquence / avoir pour effet / avoir un effet sur / causer / compliquer / conduire à / contribuer à / dépendre / donner naissance à / empêcher / entraîner / être à l'origine de / être dû à / être entraîné par / être favorable à / être la cause de / être la conséquence de / être la raison de / être le responsable de / être le résultat de / être lié à / être occasionné par / être produit par / être propice à / être proportionnel à / être provoqué par / être responsable de / expliquer / faciliter / faire suite à / favoriser / freiner / occasionner / permettre / perturber / précipiter / priver / produire / prouver / provenir de / provoquer / ralentir / s'expliquer par / s'opposer / se comprendre par / se justifier par / se répercuter sur.

Connecteurs :
étant donné / ainsi / alors / à cause de / à la suite de / c'est pourquoi / car / comme / dans ces conditions / de cette manière / de crainte de / de façon à / de manière à / donc / du fait de / du moment que / en conséquence / en fonction de / en raison de / faute de / grâce à / par / par conséquent / par crainte de / par suite de / parce que / pour cause de / pour ces raisons / puisque / si bien que / sous couleur de / sous prétexte de / tel que / tellement de ... que

STRATÉGIE

INTERVIEW **début :** 36'13 **durée :** 04'34

Repérages

1 *Regardez la séquence avec le son, puis cochez (✔) parmi les informations, ce que vous avez vu et/ou entendu.*

Information	Vu	Entendu
a. oscar de l'exportation	❑	❑
b. Bourse de Lyon	❑	❑
c. montures optiques	❑	❑
d. lunettes solaires	❑	❑
e. W.W.F.	❑	❑
f. L'Amy International	❑	❑
g. Nina Ricci	❑	❑
h. Charme	❑	❑
i. Lacoste	❑	❑
j. Crocodile	❑	❑
k. Chevignon	❑	❑
l. Panda	❑	❑

2 *Cochez, dans la liste de pays ci-dessous, ceux qui sont mentionnés dans la séquence.*

Allemagne ❑	Espagne ❑	Italie ❑	Suède ❑
Autriche ❑	États-Unis ❑	Japon ❑	Suisse ❑

Compréhension

3 *Regardez la séquence avec le son, puis indiquez si les informations sont vraies ou fausses.*

Information	Vrai	Faux
a. La personne interviewée fait partie de la famille du fondateur de l'entreprise.	❑	❑
b. La société regrette son introduction en Bourse.	❑	❑
c. La seule diversification envisagée est la fabrication de lunettes de soleil.	❑	❑
d. La société s'intéresse déjà au marché de l'Europe de l'Est.	❑	❑
e. L'Amy contribue à la protection de l'environnement.	❑	❑

Exploitation

4 *Retrouvez les questions manquantes.*

Q. – ....

R. Environ deux tiers des montures produites sont exportées...

Q. – ....

R. De nombreuses sociétés ont été cotées en 86 et en 87...

Q. – ....

R. W.W.F. apparaît effectivement dans notre portefeuille de marques...

5 *Complétez les phrases avec les mots ou expressions qui conviennent.*

a. saisir / recevoir / décrocher
Après six mois de négociations délicates, nous avons pu .... le contrat.

b. cotée / vendue / estimée
Comme il s'agit d'une entreprise de taille moyenne, elle est .... au second marché de la Bourse.

c. entrée / introduction / intromission
Une .... en Bourse permet d'obtenir des capitaux.

d. tour de table / tour de main / table ronde
Les investisseurs qui participent à notre .... sont prêts à apporter 200 MF pour que nous puissions faire face à notre développement.

e. une levée / un accroissement / une augmentation
Afin d'obtenir les fonds nécessaires, nous allons procéder prochainement à .... de capital.

f. rentabiliser / rembourser / payer
Le meilleur moyen de .... ces investissements, c'est de faire fonctionner les machines 24 heures sur 24.

g. contributions / intéressements / participations
A côté de notre société-mère, nous avons des .... dans une demi-douzaine d'autres sociétés qui travaillent comme nous dans le domaine audiovisuel.

6 *Retrouvez, en vous aidant éventuellement de la transcription, les expressions utilisées par Monsieur Lamy qui signifient la même chose que les expressions ci-dessous.*

a. être parmi les premiers..

b. développer les profits..

c. permettre à des investisseurs secondaires de récupérer leur investissement ....

d. actions très importantes..

e. un développement des ventes..

Communication

7 *Imaginez le débat entre les dirigeants d'une entreprise à propos de la stratégie à suivre. Tenez compte, entre autres, des éléments suivants :*

- coût du développement de nouveaux produits ;
- marchés à défendre, marchés à conquérir ;
- nécessité d'attirer de nouveaux talents ;
- renforcement des lois pour la protection de l'environnement.

Transcription

Séquence initiale de présentation (sans intertitre)

début : 26'38 - durée : 02'37

G.A. : Gérard Augé, J.M. : Jean Mairot

G.A. monsieur Mairot vous êtes secrétaire général de la société L'AMY / pouvez-vous nous la présenter en quelques mots ? /

J.M. eh bien je vais vous parler d'abord de son métier / L'AMY / crée / fabrique / et distribue des montures de lunettes / et des lunettes solaires / en métal / et en plastique / voilà pour le métier / pour ce qui est de son histoire / je crois que / trois époques sont à retenir / à la fin du dix-huitième siècle / Louis-Félix Lamy faisait commerce de lunettes / deuxième / époque / en 1945 / quand Robert Lamy / reprend / la société L'AMY / elle ne compte qu'une personne / et des machines hors d'usage après les vicissitudes de la guerre / troisième époque / c'est aujourd'hui / L'AMY est le premier / lunetier français / et l'un des plus grands mondiaux /

G.A. et quelle est la forme juridique de la société ? /

J.M. alors / depuis 1981, L'AMY qui était en SARL / est devenu une société anonyme / actuellement / le capital social / est de 17 500 000 francs / et 25 % de ce capital / se trouve dans le public / puisque en octobre 86 / la société a été introduite à la Bourse de Lyon /

G.A. la société L'AMY emploie combien de personnes ? /

J.M. le groupe L'AMY c'est-à-dire L'AMY / et ses filiales / puisque nous avons des filiales de / fabrication en France / de distribution / en France et à l'étranger / le groupe au total / emploie à peu près 1 150 personnes /

G.A. vous êtes implantés sur plusieurs sites ? /

J.M. en France / nous sommes implantés / essentiellement / dans le Haut-Jura / le siège et l'usine sont à Morez / nous avons également une implantation à Poligny / une implantation à Saint-Laurent / et la distribution physique est effectuée à partir de Paris / alors bien sûr / en plus de ces implantations françaises / nous avons des implantations / dans les principaux pays / et nous avons des filiales aux Etats-unis / en Allemagne / en Angleterre / en Italie / en Espagne /

G.A. quel est votre chiffre d'affaires ? /

J.M. en 1991 / le chiffre d'affaires est de 635 000 000 de francs / pour l'ensemble du groupe / en 1992 / nous approcherons les 900 000 000 de francs / avec l'adjonction de deux sociétés / que nous venons de racheter /

Création

début : 29'15 - durée : 01'51

G.A. : Gérard Augé, G.B. : Gilbert Brochet

G.A. Gilbert Brochet / quels sont les éléments qui déterminent la création d'un nouveau modèle de lunettes ? /

G.B. alors / pour un nouveau modèle de lunettes / on part d'un cahier des charges marketing qui est fait par le responsable de produit / euh ce cahier des charges marketing nous donne / un certain nombre d'éléments comme la cible consommateur / les objectifs de prix / de délais / les caractéristiques techniques à respecter / et puis euh les attentes du consommateur / ou les attentes de la distribution vis-à-vis de ce produit /

G.A. et la fabrication d'une lunette / comporte combien d'étapes ? /

G.B. oh je dirai qu'on peut compter à peu près euh six étapes qui se répartissent une phase cahier des charges avec sa validation / une phase design / une phase prototypage / une phase maquettage / une phase test commercial / une phase / qui est une phase / de décision interne euh / qui euh se traduit par le lancement des investissements / et une phase industrielle / euh de lancement du produit /

G.A. et quelle est la durée de vie d'une paire de lunettes ? /

G.B. euh je dirai / ça peut être variable / mais pour une monture très mode / plastique par exemple / on peut parler d'une durée de vie de un an / pour une monture je dirai d'un style plus classique / métal / on peut aller de trois à quatre ans /

G.A. et / comment anticipez-vous les tendances de la mode ? /

G.B. alors au niveau des tendances / nous avons à l'intérieur du service création / une équipe qui s'occupe du suivi de ces tendances / par l'analyse de ce qui se passe au niveau de la presse / au niveau des salons / euh dans les magazines / suivi de la mode et puis aussi du suivi des changements d'habitude des consommateurs /

Présentation d'un produit

début : 31'06 - durée : 01'46

G.T. : Gilles Thibaut, M.V. : Monsieur Van de Perck

G.T. Monsieur Van de Perck voilà le le le fameux modèle dont je vous ai parlé euh Modulation / euh que je vous montre ici donc qui est un /

M.V. c'est nouveau / hein ? c'est nouveau ?/

G.T. oui tout à fait c'est un nouveau modèle / c'est mais je le qualifierai même d'assez révolutionnaire / vous pouvez clipser des faces additives euh sur ce modèle / donc /

M.V. comment ça marche ? /

G.T. ça marche très simplement / euh je vous fais la démonstration / voilà / et comme ça vous avez l'impression d'avoir maintenant un modèle euh en plastique fait main /

M.V. et vous l'enlevez comment ? /

G.T. très facilement / sans aucun problème / voilà maintenant je l'enlève / et voilà /

M.V. et quel est le concept ?/

G.T. alors le concept / c'est de de permettre aux consommatrices car c'est un modèle qu'on a fait d'abord pour les dames de pouvoir changer de de monture / sans changer de verres /

M.V. excusez-moi c'est un modèle uniquement féminin ou on peut le éventuellement le le vendre pour les hommes ? /

G.T. c'est principalement féminin / il y a quelques quelques quelques couleurs de face qui sont euh je dirai unisexe / mais euh le premier modèle qu'on a conçu c'est plutôt féminin /

M.V. et comment les opticiens vont-ils faire pour le vendre ce / produit ? /

G.T. on a prévu euh un petit séminaire de d'une demi-journée pour justement euh expliquer le le concept / aux aux opticiens /

M.V. et quel matériel publicitaire euh vais-je avoir pour pouvoir vendre ce ce produit ? /

G.T. alors ça c'est très important parce que c'est effectivement ce ce nouveau modèle ne se vend ne va pas se vendre tout seul / il faut qu'il y ait un environnement produit autour donc il y a la boîte de démonstration pour l'opticien et il y a ce présentoir vitrine /

M.V. et l'ensemble va coûter combien ? /

G.T. alors le tout / donc pour le présentoir et la boîte euh donc je dirai que c'est euh c'est c'est trois mille francs /

Transcription

Distribution

début : 32'52 - durée : 03'21

G.A. : Gérard Augé, J.M. : Jean Mairot, A.-C. M. : Anne-Claire Mesnier

G.A. Il faut combien de temps / pour fabriquer une paire de lunettes ? /

J.M. plusieurs semaines sont nécessaires / pour produire une lunette telle que celle-ci / et par ailleurs les clients / nos opticiens / euh nous demandent de livrer pour le lendemain de leur commande / par conséquent / la seule façon / d'apporter une qualité de service c'est de constituer des stocks / euh pour assurer la livraison /

G.A. et / quelle est votre organisation en matière de distribution ?/

J.M. je je vais vous la montrer sur un schéma / ne partez pas Anne-Claire on va sûrement avoir besoin de vos lumières /

G.A. Bonjour /

J.M. Anne-Claire /

J.M. trésorière de l'entreprise /

A.-C.M. enchantée /

J.M. alors le réseau de distribution physique doit bien sûr tenir compte des caractéristiques / des produits / et / la lunette a pour particularité d'être un produit / extrêmement cher / par rapport à son volume / ou par rapport à son poids / de sorte que le total des coûts de distribution qui est la somme / des coûts de transport / et des coûts de possession de stock / fait apparaître un optimum / qui pour un territoire comme la France / euh nécessite / un seul dépôt / c'est également vrai pour les Etats-Unis / donc / notre réseau de distribution physique / comporte quatre niveaux / l'usine / la distribution en gros / la distribution de détail par les opticiens / et le consommateur final / au niveau de la distribution en gros comme nous venons de le voir / il suffit d'un seul point / pour un territoire géographique donné / c'est dire que / en France / par exemple / nous avons / un point de distribution situé à Paris / qui sert / les / six mille opticiens français / chaque opticien / approvisionnant donc / le consommateur final /

G.A. comment s'effectuent les livraisons entre chaque niveau de distribution ? /

J.M. alors entre l'usine / et ce que j'ai appelé les distributeurs en gros / il y a / essentiellement / une livraison qui est faite par avion / sauf pour la France où il s'agit de transport routier / entre / le point / de distribution en gros d'un territoire donné et les opticiens / ce sont des moyens de transports rapides / pour la France il s'agit essentiellement / de transports route / qui sont faits la nuit /

G.A. comment facturez-vous vos clients ? /

J.M. eh bien je vais passer la parole à Anne-Claire /

A.-C. M. en ce qui concerne la facturation nous facturons en en francs français euh mis à part les facturations à destination des des filiales étrangères / où là nous facturons dans la devise du pays / donc pour la filiale américaine ça sera en dollars /

G.A. et comment vous couvrez-vous contre les risques de change ? /

A.-C. M. pour les les couvertures de de change on a choisi de de couvrir en optionnel sur le dollar / justement parce que cette monnaie est très volatile et on on veut bénéficier d'une hausse éventuelle du du dollar / d'ailleurs le la COFACE euh / offre un un produit tout à fait adapté à notre exportation vis-à-vis de des Etats-Unis /

Stratégie

début : 36'13 - durée : 04'34

G.A. : Gérard Augé, H.L. : Hervé Lamy

G.A. Monsieur Lamy / votre entreprise est connue dans le monde entier / quels sont les ingrédients de cette réussite ? /

H.L. – euh les ingrédients de la réussite euh / je répondrai un petit peu par une plaisanterie / la la mayonnaise / euh nécessite beaucoup d'ingrédients pour autant / elle ne réussit pas à chaque fois ce que l'on peut dire c'est que la société L'AMY à travers un certain nombre de de mes aïeux / existe depuis euh deux cents ans / maintenant / donc cette durée explique déjà à elle seule une partie de la notoriété / euh il faut ajouter / et c'est une caractéristique des entreprises de la région / que depuis maintenant euh une quarantaine d'années / elle elle exporte dans beaucoup de pays au monde / c'est une caractéristique / cette grande exportation qui remonte également à plus longtemps que ça / puisque / la société L'AMY avait décroché je crois / un oscar de l'exportation à Sydney euh en 1876 / à peu près / donc c'est une tradition qui euh qui est presque ancestrale chez nous / et euh si vous ajoutez à ça une qualité produits euh que nous avons toujours maintenue à un haut niveau / euh par rapport à aux compétiteurs mondiaux / eh bien / vous avez probablement une bonne partie une bonne partie des raisons du du succès /

- environ deux tiers des des montures produites sont exportées / soit à travers nos filiales / euh aux Etats-Unis / en Allemagne en Angleterre / en Italie / en Espagne ou à travers des participations que nous avons en Suisse / en Suède / en Norvège / soit directement à travers des des distributeurs euh que nous avons dans une quarantaine de pays /

- de nombreuses sociétés ont été cotées en 86 et en 87 / euh nous en faisions partie / euh cette introduction en Bourse a permis de désenclaver / des minoritaires qui participaient à notre tour de table / et puis euh elle nous a donné euh une notoriété non négligeable euh / plus précisément / parce que une introduction en Bourse euh euh induit une certaine une certaine rigueur de gestion / une certaine rigueur de présentation des des comptes et des résultats / et probablement cette / cette rigueur est un élément qu'un certain nombre de cadres par exemple potentiels qui sont appelés à nous rejoindre apprécient / et indubitablement une introduction en Bourse est un est un point positif de ce côté-là / et puis on a bon espoir également de pratiquer une augmentation de capital prochainement / euh autant de raisons qui militent en faveur d'une introduction en Bourse / nous ne faisons pas partie des euh sociétés qui regrettent leur introduction en Bourse /

- 85 % de notre production est réalisée en mon- en montures optiques / et euh on a l'intention de développer d'une manière non négligeable la partie solaire / donc c'est une c'est pour nous un premier axe de / de diversification /

- parmi les objectifs que l'on / que l'on s'est donnés il en est un qui nous paraît relativement significatif / euh c'est celui qui consiste pour nous à faire partie du peloton des cinq meilleurs lunetiers mondiaux / euh c'est un objectif ambitieux / il est vrai / cela étant nous n'en sommes pas très loin / nous devons être dans les six ou septième lunetiers mondiaux / euh c'est également donc atteindre un chiffre d'affaires d'un milliard de francs en 94 / nous allons réaliser environ 800 000 000 de francs euh / en 92 / et puis euh c'est un certain nombre d'autres objectifs donc qui sont liés à celui-ci / par exemple / une pénétration accrue du marché du Sud-Est asiatique / euh nous allons probablement nous intéresser / nous avons commencé à nous intéresser de plus près / euh au marché de l'Europe de l'Est / nous allons / euh en ce qui concerne euh l'Amérique du Nord / euh essayer de rentabiliser nos investissements / peut-être en tentant de promouvoir la rentabilité / par rapport à une croissance forte / et euh tout ça dans un contexte de croissance donc de l'ordre de 15 % par an /

- WWF apparaît effectivement euh dans notre portefeuille de marques / à côté de lunettes L'AMY qui est qui reste notre marque principale notre fonds de commerce / à côté également des deux licences importantes que nous avons euh Lacoste depuis une dizaine d'années / et depuis euh / plus récemment euh / Nina Ricci / euh je dois ajouter que depuis six mois nous avons également signé la licence Chevignon / mais il est vrai que nous commercialisons des lunettes WWF / c'est un petit clin d'oeil / à l'environnement / la société évolue dans le Haut-Jura dans un contexte très nature / je dirai / et on se sent bien effectivement / euh / dans le contexte WWF / c'est notre façon de participer à des opérations de plus grande envergure à l'échelon mondial / modestement /

Lexique

m. : masculin, f. : féminin

accru : plus fort, plus important

adjonction (f.) : addition, ajout

aïeux (m.) : ancêtres lointains

allégé : diminué

ancestral : très ancien dans la famille

anticiper : prévoir

approvisionner (s') : fournir (se)

attente (f.) : souhait

Bourse (f.) : lieu où l'on peut acheter et vendre des actions, des obligations

cadre (m.) : personnel qui exerce des fonctions de direction ou de contrôle dans une société

cahier des charges (m.) : document contractuel qui définit entre un client et un fournisseur, à l'initiative du premier, les caractéristiques d'un produit ou d'un service donné que celui-ci souhaite acheter

chiffre d'affaires (m.) : montant total des ventes sur une période donnée

cible consommateur (f.) : partie des consommateurs auxquels s'adresse un produit

citadin (m.) : personne qui habite une ville

clin d'oeil (m.) : signe discret

clipser : fixer par pincement

COFACE (f.) : Compagnie Française d'Assurance pour le Commerce Extérieur (fournit des garanties contre les risques commerciaux ou politiques liés à des échanges)

collaborateur (m.) : personne avec qui l'on travaille, et qui possède un rang hiérarchique inférieur au sien

compétiteur (m.) : concurrent

concept (m.) : idée

consentir : accorder

constituer : faire

convertir : transformer

coter : (commencer à) faire partie des valeurs de la Bourse

couvrir (se) : protéger (se)

de l'ordre de : environ, approximativement

décollage (m.): progression rapide

décrocher : obtenir

délicat : difficile

désenclaver des minoritaires : permettre à des actionnaires minoritaires d'une entreprise de récupérer les capitaux qu'ils ont investis, en la quittant

design (m.) : conception du point de vue esthétique

détail (de) : qui porte sur de petites quantités (le commerçant qui vend en petites quantités est un détaillant)

devise (f.) : monnaie étrangère

diversification (f.) : fait d'ajouter aux produits déjà fabriqués par une entreprise de nouveaux produits d'un type différent

échelon (m.) : niveau

embauche (f.) : action d'engager des personnes dans une entreprise

envergure (f.) : échelle

face additive (f.) : partie de la paire de lunettes que l'on peut ajouter autour des verres

facturer : envoyer à un client un document (une facture) lui demandant de payer pour un produit livré ou un service effectué

fait main : fait à la main, manuellement

filiale (f.) : société dirigée par une société-mère

fonds de commerce (m.) : élément essentiel de l'entreprise, marque de base

gros (en) : qui porte sur de grosses quantités (le commerçant qui vend en gros est un grossiste)

grossiste (m.) : commerçant qui vend ses produits en grandes quantités, habituellement à de plus petits commerçants (les détaillants)

Haut-Jura (m.) : partie montagneuse du département du Jura, dans l'Est de la France

hors d'usage : inutilisable

implanté : installé

indemnité (f.) : ce qui est attribué à quelqu'un pour compenser un dommage ou un préjudice

induire : obliger à

lancement des investissements (m.) : mise en route de la procédure d'achat du matériel nécessaire

licence (f.) : autorisation qui permet à une société d'utiliser le nom d'une autre société (ou une invention conçue par une autre société)

lumières (f.) : connaissances

maquettage (m.) : action de réaliser une maquette, c'est-à-dire un modèle du produit réel

marge (bénéficiaire) (f.) : différence entre le prix d'achat et le prix de vente

mayonnaise (f.) : sauce à base d'oeufs et d'huile mélangés, réputée difficile à réussir

militer : constituer une raison

mis à part : sauf

mode : à la mode

monture (de lunettes) : partie des lunettes qui maintient les verres et qui permet de les porter sur le visage

nature : naturel

non négligeable : significatif, sensible

opticien (m.) : commerçant qui vend des lunettes (montures et verres)

optimum (m.) : état le plus favorable

optionnel (en) : quand on le décide

oscar (m.) : récompense décernée à une entreprise ou un individu pour l'excellence de ses résultats

participation (f.) : fait, pour une société, d'avoir des intérêts, sous forme d'actions par exemple, dans une autre société

participer à un tour de table : être un actionnaire (généralement important) d'une société

peloton (m.) : groupe de concurrents dans une course

pénétration (f.) : action de contrôler le marché

portefeuille de marques (m.) : ensemble des marques qui appartiennent à une société

porteur (petit) (m.) : individu qui possède des actions, des obligations, en petite quantité

pratiquer une augmentation de capital : augmenter le capital d'une société

préjudice (m.) : ce qui est contraire aux intérêts de quelqu'un

prime (f.) : bonus

procéder : effectuer, faire

promouvoir la rentabilité : développer les profits

prototypage (m.) : action de réaliser un prototype, cest-à-dire un exemplaire d'un produit réalisé avant la fabrication en série

remise (f.) : réduction

rentabiliser : faire produire des profits

reprendre : recommencer

réseau (m.) : circuit

risque de change (m.) : risque lié à l'utilisation de monnaies différentes dans une transaction commerciale

rupture de stock (f.) : manque de pièces qui servent à fabriquer un produit

salon (m.) : exposition où des sociétés présentent leurs nouveaux produits

SARL : société anonyme à responsabilité limitée (forme juridique de la majorité des petites entreprises)

second marché (m.) : marché de la Bourse où sont cotées les entreprises de taille moyenne (les grandes entreprises sont cotées sur le premier marché)

séminaire (m.) : réunion pendant laquelle on étudie un ou des points précis

siège (m.) : siège social, domicile légal d'une société

site (m.) : endroit

société anonyme (f.) : forme juridique de la plupart des moyennes et grandes sociétés

stock (m.) : marchandises en réserve

stockage (m.) : action de garder des marchandises en réserve

suivi (m.) : action de suivre, de surveiller

touche (f.) : élément d'un clavier de machine à écrire, d'ordinateur

unisexe : qui convient aussi bien aux femmes qu'aux hommes

validation (f.) : vérification et approbation

vicissitude (f.) : événement malheureux

volatil : qui varie très facilement, avec un effet négatif

M 2 R

Agence agréée en informatique

Durée du film : 11'58

Séquence initiale de présentation (sans intertitre) — ***début :*** *40'52* — ***durée :*** *01'37*

- présenter sa société

Prise de contact — ***début :*** *42'29* — ***durée :*** *01'01*

- répondre à un client
- prendre rendez-vous

Présentation de matériel — ***début :*** *43'30* — ***durée :*** *02'20*

- présenter une gamme de produits
- comparer des produits

Projet d'équipement — ***début :*** *45'50* — ***durée :*** *01'44*

- demander des renseignements
- rendre compte oralement d'une entrevue
- prendre des notes à propos d'un projet
- prendre un rendez-vous

Référence — ***début :*** *47'34* — ***durée :*** *01'54*

- faire une démonstration
- vérifier des informations

Présentation du devis — ***début :*** *49'28* — ***durée :*** *03'32*

- discuter d'un devis
- relancer un client
- rédiger une lettre d'accompagnement
- demander une remise

SÉQUENCE INITIALE DE PRÉSENTATION

INTERVIEW **début :** 40'52 **durée :** 01'37

Repérages

1 *Regardez la séquence avec le son, puis indiquez si les informations sont vraies ou fausses.*

Information	**Vrai**	**Faux**
a. Frédéric Courtet explique ce que signifie le sigle M2R.	❏	❏
b. M2R sera prochainement un Apple Center.	❏	❏
c. La situation de la société va changer.	❏	❏
d. M2R vend 200 ordinateurs par mois.	❏	❏
e. M2R est installé à Mulhouse.	❏	❏
f. M2R va bientôt s'installer à Besançon.	❏	❏

Compréhension

2 *Choisissez les affirmations correctes.*

2.1 Pour être concessionnaire Apple, il faut répondre à des critères de

a. structure financière.
b. chiffre d'affaires.
c. compétence financière.

2.2 Le nombre d'employés de la société

a. va prochainement s'accroître.
b. va prochainement diminuer.
c. va rester stable.

2.3 Les clients de M2R se répartissent en

a. quatre grands groupes : les particuliers, les commerçants, les administrations, les industriels.

b. trois grands groupes : les particuliers, les administrations et les professionnels.

c. deux grands groupes : les particuliers et les professionnels.

2.4 Vendre des machines de plusieurs marques est selon Frédéric Courtet

a. un avantage.
b. un inconvénient.
c. une performance.

2.5 M2R comptera prochainement

a. deux points de vente.
b. quatre points de vente.
c. cinq points de vente.

Exploitation

3 *Complétez les phrases avec les mots ou les expressions qui conviennent le mieux.*

a. vendeurs / concessionnaires / acheteurs

Nous avons un problème : certains .... nous signalent que les machines que nous leur avons envoyées ne sont pas arrivées dans leurs agences.

b. cahier des charges / livre des charges / cahier d'exigences

Si vous voulez continuer à travailler avec nous, vous devez absolument respecter le .... sur lequel nous nous sommes mis d'accord.

c. ensemble / jeu / gamme

Combien d'articles comporte votre .... ?

d. étoffer / maintenir / croître

Afin de répondre à une demande en forte croissance, nous allons prochainement .... notre réseau commercial.

e. capable / performant / avancé

Ce modèle est actuellement le plus .... de tout le marché.

PRISE DE CONTACT

SIMULATION **début :** 42'29 **durée :** 01'01

Repérages

1 *Regardez la séquence sans le son, puis choisissez les affirmations correctes.*

1.1 Le numéro de téléphone composé comporte
- **a.** deux chiffres.
- **b.** quatre chiffres.
- **c.** plus de six chiffres.

1.2 La personne qui téléphone
- **a.** a préparé une liste des points à évoquer.
- **b.** a préparé une feuille pour prendre des notes.
- **c.** n'a rien préparé.

1.3 A la fin de la séquence, la personne
- **a.** écrit quelque chose sur une feuille et un agenda.
- **b.** coche quelque chose sur une feuille et un agenda.
- **c.** coche quelque chose sur une feuille et écrit sur un agenda.

Compréhension

2 *Regardez la séquence avec le son, puis choisissez les affirmations correctes.*

2.1 L'homme qui parle s'appelle
- **a.** Gérard Dubon.
- **b.** Gérard Dupont.
- **c.** Gérard Dumont.

2.2 Il est
- **a.** informaticien.
- **b.** mathématicien.
- **c.** enseignant.

2.3 Il souhaite
- **a.** qu'un fournisseur lui rende visite.
- **b.** rendre visite à un fournisseur.
- **c.** recevoir une documentation d'un fournisseur.

2.4 Sa demande comporte
- **a.** un aspect.
- **b.** trois aspects.
- **c.** deux aspects.

Exploitation

3 *Dans cette séquence, vous n'entendez que la voix de Monsieur Dupont. Parmi les répliques en italique, soulignez celles que prononce son interlocuteur. Justifiez vos choix.*

3.1 *M2R à votre service / M2R bonjour / Allô ici M2R*
– Bonjour Gérard Dupont du Centre de Calcul euh, je souhaiterais vous rencontrer d'une part pour vous entretenir d'un projet d'équipement Mac et d'autre part pour que vous me présentiez les nouveautés, toujours en matière de Mac, est-ce possible ?

3.2 *oui tout à fait bien sûr quand ? / oui mais assez rapidement, à quel moment ? / oui, bien sûr, quand souhaitez-vous passez ?*
– Eh bien écoutez le plus tôt possible, je suis libre là pour l'instant.

3.3 *bien si vous n'avez rien d'autre à faire ce matin à 10 heures ? / pouvez-vous passez ce matin à partir de 10 heures ? / pouvez-vous passez rapidement à partir de 10 heures ?*
– Ce matin il n'y a aucun problème, donc dans une heure chez vous, c'est ça ?

3.4 *OK / affirmatif / bien.*
- Vous êtes Monsieur ?

3.5 *Ripoche / Monsieur Bruno Ripoche / Bruno Ripoche.*
– Monsieur Ripoche oui.

3.6 *merci de votre appel / à tout à l'heure donc / à la prochaine fois.*
– D'accord, merci, au revoir !

Communication

4 *Imaginez un autre dialogue téléphonique entre un acheteur (A) et un vendeur (B). A souhaite un rendez-vous rapide mais ses disponibilités ne correspondent pas à celles de B.*

Vous pouvez utiliser les expressions suivantes :

Êtes-vous disponible ... ? / Quand souhaitez-vous ... ? / Vous avez une préférence ... ? / Est-ce que le ... vous convient ? / Je vous propose le ... /
(je suis) désolé (mais) ... / je suis (déjà) pris / je suis occupé / j'ai (déjà) un engagement / cela me paraît difficile.

5 *Imaginez la conversation entre Bruno Ripoche, le vendeur qui a répondu à Gérard Dupont, et Frédéric Courtet, le directeur de l'agence M2R. Bruno Ripoche lui annonce qu'il a une affaire intéressante en vue. Frédéric Courtet lui pose quelques questions.*

PRÉSENTATION DE MATÉRIEL

SIMULATION **début :** 43'30 **durée :** 02'20

Repérages

1 *Regardez la séquence sans le son, puis répondez aux questions.*

1.1 Combien de modèles d'ordinateurs sont exposés dans l'agence ?

....

1.2 Qu'observez-vous à propos des écrans ?

....

1.3 Pourquoi le vendeur ouvre-t-il un magazine ?

....

1.4 Quelle est la signification du dernier geste que fait le vendeur avec sa main droite ?

....

2 *Regardez la séquence avec le son, puis cochez (✓), parmi les informations ce que vous avez vu et/ou entendu.*

Information	**Vu**	**Entendu**
a. Macintosh Classic	❑	❑
b. Macintosh Classic II	❑	❑
c. Macintosh LC	❑	❑
d. Macintosh LC II	❑	❑
e. Macintosh II si	❑	❑
f. Macintosh II ci	❑	❑
g. Quadra 700	❑	❑
h. Quadra 900	❑	❑

Compréhension

3 *Regardez la séquence avec le son, puis choisissez les affirmations correctes.*

3.1 Il existe
- **a.** deux gammes de machines.
- **b.** trois gammes de machines.
- **c.** quatre gammes de machines.

3.2 Les Macintosh Classic et Classic II sont respectivement équipés de micro-processeurs de type
- **a.** 68 000 et 68 030.
- **b.** 68 020 et 68 030.
- **c.** 68 000 et 68 020.

3.3 Le modèle IIci peut gérer en standard
- **a.** quatre types d'écran monochrome.
- **b.** trois types d'écran monochrome.
- **c.** deux types d'écran monochrome.

3.4 Avec le Macintosh IIci, on peut avoir au maximum
- **a.** 256 couleurs.
- **b.** 6 000 000 de couleurs.
- **c.** 16 000 000 de couleurs.

3.5 Le modèle Quadra 900
- **a.** est déjà commercialisé, mais l'agence est en rupture de stock.
- **b.** est déjà commercialisé et l'agence en possède en stock.
- **c.** n'est plus commercialisé.

Exploitation

4 *Repérez et notez, en vous aidant de la transcription, les mots et expressions utilisés par le vendeur pour présenter les ordinateurs.*

Verbes	Noms
Je vais donc vous présenter	*la gamme de*
....	....
....	....
....	....

5 *Repérez et notez les mots et expressions qui permettent de comparer les différents modèles.*

....

....

6 *Complétez les phrases (plusieurs solutions sont généralement possibles).*

6.1 Vous rencontrez / Je vous présente / Voici

.... les derniers modèles que nous avons reçus.

6.2 genre / type / modèle

D'après ce que vous m'avez dit, je pense que ce .... vous conviendrait mieux.

6.3 se présente sous / apparaît sous / a

Je regrette de ne pas avoir de photo à vous montrer, mais d'après ce que j'ai pu apprendre, la machine .... la forme d'un agenda de poche.

6.4 il est possible de / c'est possible de / vous pouvez

Avec ce logiciel .... vérifier et corriger l'orthographe d'un document.

6.5 d'une part ... d'autre part / d'abord ... puis / d'un côté ... de l'autre

Je propose de vous montrer .... les fonctions de base, ... quelques fonctions avancées.

6.6 une gamme complète / une liste complète / un nombre complet

Notre société vous offre .... de services, de façon à répondre à l'ensemble de vos besoins.

7 *Complétez les phrases.*

7.1 plus de ... de / autant de ... que / plus de ... que

Notre système présente deux fois .... possibilités .... celui que vous employez actuellement.

7.2 même / semblable / comparable

Les services proposés se situent au .... niveau.

7.3 des plus / les plus / de plus

Les bénéfices réalisés par la Sogerex comptent parmi .... élevés du secteur.

7.4 aussi ... que / autant ... que / aussi ... de

Tout compris, cette proposition est .... coûteuse .... l'autre.

Communication

8 *Imaginez le dialogue entre Messieurs Dupont et Ripoche lorsque Monsieur Dupont arrive à l'agence (ce dialogue se situe avant ce que l'on voit dans la séquence).*

9 *Comparez les modèles d'ordinateurs suivants du point de vue de leurs caractéristiques et de leurs performances.*

BMI 200 *microprocesseur :* 68020 *disque :* fixe *écran :* demi A4 *niveau de performances :* 5	**BMI 300** *microprocesseur :* 68030 *disque :* amovible *écran :* demi A4 *niveau de performances :* 10
BMI 400 *microprocesseur :* 68040 *disque :* fixe *écran :* demi A4 ou A4 *niveau de performances :* 20	**BMI 600** *microprocesseur :* 68060 *disque :* fixe *écran :* demi A4, A4 ou 21 pouces *niveau de performances :* 40

10 *Imaginez un dialogue entre un vendeur A et un acheteur potentiel B à propos des caractéristiques et des performances de deux produits. Choisissez des produits comparables (par exemple : stylos, voitures, vêtements, voyages).*

PROJET D'ÉQUIPEMENT

SIMULATION **début :** 45'50 **durée :** 01'44

Repérages

1 *Regardez la séquence sans le son, puis indiquez si les informations sont vraies ou fausses.*

Information	**Vrai**	**Faux**
a. Les deux personnes commencent par échanger des civilités.	❑	❑
b. Elles discutent du prix des machines.	❑	❑
c. Le vendeur se renseigne.	❑	❑
d. L'acheteur expose ses besoins.	❑	❑
e. Il semble y avoir des problèmes.	❑	❑
f. L'acheteur a l'air très décidé.	❑	❑

Compréhension

2 *Regardez la séquence avec le son, puis choisissez les affirmations correctes.*

2.1 La demande de l'acheteur comporte
- **a.** deux volets.
- **b.** trois volets.
- **c.** quatre volets.

2.2 Pour son projet, l'acheteur a besoin
- **a.** d'un type d'ordinateur.
- **b.** de deux types d'ordinateurs.
- **c.** de trois types d'ordinateurs.

2.3 Il souhaite avoir des écrans
- **a.** uniquement couleur.
- **b.** uniquement monochrome.
- **c.** monochrome ou couleur, suivant les utilisations.

2.4 Le projet porte sur l'acquisition de
- **a.** quatre ordinateurs.
- **b.** six ordinateurs.
- **c.** sept ordinateurs.

2.5 L'acheteur

a. cherche des garanties.
b. se méfie du vendeur.
c. a totalement confiance dans le vendeur.

Exploitation

3 *Complétez le dialogue entre les personnages A et B avec les mots et expressions donnés. Certains de ces mots et expressions ont été employés dans la séquence.*

autrement dit / c'est-à-dire que / d'une part ... d'autre part / voilà / il s'agit de / type / je m'explique / j'ai besoin de / je dois / est-ce que vous pouvez me dire / est-ce que vous désirez.

A1 – .... mon problème, ... équiper un service avec des téléphones portables.

B1 – .... de quel .... de service il s'agit ?

A2 – .... mon service entretien. Notre personnel se déplace sans arrêt et .... de pouvoir le contacter à tout moment.

B2 – Combien de personnes .... équiper ?

A3 – Eh bien, il y a .... deux ingénieurs qui supervisent le travail, ... six techniciens.

B3 – .... cela nous fait huit personnes, donc huit postes.

A4 – Non, moins. .... : les techniciens travaillent toujours par groupe de deux.

B4 – Ah, d'accord, je vois ! .... nous aurions deux postes pour les deux ingénieurs et trois postes pour les six techniciens.

Communication

4 *Imaginez que vous êtes Monsieur Ripoche, le vendeur. Vous prenez des notes concernant le projet de Monsieur Dupont. Ensuite, vous rencontrez le directeur de l'agence, auquel vous faites un compte rendu de votre entrevue avec Monsieur Dupont.*

5 *Imaginez le dialogue téléphonique entre Monsieur Ripoche et un responsable du Service Informatique du Conseil Régional de Franche-Comté. Monsieur Ripoche demande s'il peut emmener Monsieur Dupont voir l'installation.*

6 *Imaginez le dialogue entre Monsieur Ripoche et Monsieur Dupont.*
Monsieur Ripoche l'appelle pour lui proposer une visite du Service Informatique du Conseil Régional. Monsieur Dupont a quelques problèmes de disponibilité, mais finalement, il s'arrange pour se libérer.

RÉFÉRENCE

SIMULATION **début :** 47'34 **durée :** 01'54

Repérages

1 *Regardez la séquence sans le son, puis répondez aux questions.*

1.1 Qui fait les présentations ? ....

1.2 Qui demande une démonstration ? ....

1.3 Qui fait la démonstration ? ....

1.4 Qui pose des questions ? ....

1.5 Qui répond aux questions ? ....

1.6 Qui fait les commentaires ? ....

Compréhension

2 *Regardez la séquence avec le son, puis choisissez les informations correctes.*

2.1 Monsieur Cachot est
- **a.** un spécialiste du Service Informatique.
- **b.** le responsable du Service Informatique.
- **c.** le responsable du Service télématique.

2.2 Monsieur Cachot semble
- **a.** très satisfait d'avoir traité avec Monsieur Ripoche.
- **b.** assez satisfait d'avoir traité avec Monsieur Ripoche.
- **c.** peu satisfait d'avoir traité avec Monsieur Ripoche.

2.3 En cas de problème, la société M2R
- **a.** s'occupe de l'ensemble des problèmes de service après-vente.
- **b.** s'occupe d'une partie des problèmes de service après-vente.
- **c.** ne s'occupe pas des problèmes de service après-vente.

2.4 Les ordinateurs Macintosh sont connectés
- **a.** à un central télématique.
- **b.** entre eux.
- **c.** à un ordinateur central.

Exploitation

3 *Complétez les phrases avec les mots qui conviennent.*

3.1 installé / équipé / posé
Nous avons .... cette machine dans notre société il y a un an.

3.2 regardent après / de mêlent / s'occupent
Nos services spécialisés .... de toutes les autorisations nécessaires pour l'implantation d'entreprises étrangères dans notre pays.

3.3 opérer / intervenir / intercéder
En cas de problème grave, nous pouvons .... dans la demi-journée, et soit réparer la panne, soit vous fournir un équipement de remplacement.

3.4 traiter / faire / employer
Eh bien, je pense que nous allons .... avec la Sogerex : leur proposition est la moins chère.

3.5 d'assurance / de réparation / de maintenance
Nous offrons une garantie d'un an. Au-delà, vous pouvez souscrire un contrat .... annuel qui s'élève à 7 % du prix de vente hors taxes de la machine.

3.6 service après la vente / service après-vente / service après-achat
Vous pouvez peut-être trouver moins cher ailleurs, mais vous n'aurez pas un .... aussi performant.

4 *Complétez les phrases avec les mots qui conviennent (il s'agit de termes informatiques généraux).*

base de données / logiciel / tableur / traitement de texte / réseau

4.1 Un ordinateur sans ...., cela ne sert à rien.

4.2 Pour échanger des données, la meilleure solution est le ....

4.3 Un programme de .... est l'outil idéal pour les tâches courantes de secrétariat.

4.4 Excel est un excellent .... pour faire des simulations importantes.

4.5 Je vais interroger notre .... afin de faire le point sur nos ventes depuis le début de l'année.

Communication

5 *Imaginez le dialogue :*
Monsieur Dupont téléphone à Monsieur Cachot (après lui avoir rendu visite).
Il souhaite avoir un avis sur M2R en dehors de la présence de Monsieur Ripoche.

PRÉSENTATION DU DEVIS

SIMULATION **début :** 49'28 **durée :** 03'32

Repérages

1 *Regardez la séquence sans le son, puis indiquez si les informations sont vraies ou fausses.*

Information	**Vrai**	**Faux**
a. Bruno Ripoche, le vendeur, entre sans prévenir.	❑	❑
b. Gérard Dupont, l'acheteur, est en train de travailler.	❑	❑
c. Bruno Ripoche présente le devis dans un dossier.	❑	❑
d. Bruno Ripoche commente le devis.	❑	❑
e. Gérard Dupont pose des questions.	❑	❑
f. Bruno Ripoche utilise une calculette.	❑	❑
g. Gérard Dupont donne à Bruno Ripoche une carte de visite.	❑	❑

Compréhension

2 *Regardez la séquence avec le son, puis choisissez les affirmations correctes.*

2.1 L'acheteur souhaite

a. diminuer le nombre de connexions Vax prévues.
b. augmenter le nombre de connexions Vax prévues.
c. supprimer les connexions Vax prévues.

2.2 L'acheteur

a. demande explicitement une remise.
b. ne demande pas de remise.
c. demande implicitement une remise.

2.3 Le montant total des reprises s'élèvera à
- **a.** 40 000 francs.
- **b.** 30 000 francs.
- **c.** 15 000 francs.

2.4 Le vendeur utilise un ordinateur portable pour
- **a.** vérifier une information.
- **b.** impressionner l'acheteur.
- **c.** recalculer le devis.

2.5 Le montant du nouveau devis sera
- **a.** inférieur à celui de l'ancien.
- **b.** égal à celui de l'ancien.
- **c.** supérieur à celui de l'ancien.

2.6 Les prix mentionnés sont des prix
- **a.** toutes taxes comprises.
- **b.** hors taxes.
- **c.** parfois toutes taxes comprises, parfois hors taxes.

2.7 Gérard Dupont
- **a.** ne peut pas, seul, décider de l'achat du matériel.
- **b.** peut, seul, décider de l'achat du matériel.
- **c.** peut seul, décider de l'achat d'une partie du matériel.

3 *Notez le matériel proposé (dans le même ordre que Monsieur Ripoche le présente à Monsieur Dupont).*

Désignation	Quantité
....	....
....	....
....	....
....	....
Connexions Macintosh / MicroVax	3

Exploitation

4 *Complétez le dialogue.*

4.1 une facture / un devis / un acompte

– J'ai établi .... à partir des indications que vous m'avez fournies lors de notre entretien.

convient / s'accorde / correspond

– Merci ! Mais là je vois un appareil qui ne .... pas à ce que je vous avais indiqué.

jetterai/ modifierai / remplacerai

– D'accord. Je .... le devis dès mon retour à l'agence.

4.2 budget / prix / revenu - donner / prêter / consentir

– Il y a un problème : je dispose seulement d'un .... de 145 000 francs pour ce projet. Est-ce que vous pouvez nous .... une remise de l'ordre de 5% ?

marge / prix / solde

– Cela m'est très difficile, notre .... est très faible sur ce genre de produits.

4.3 intégrée / incluse / contenue

L'installation est .... dans votre prix ?

supérieur / extra / en plus

– Non, il faut compter 3% ....

5 *Retrouvez les expressions équivalentes.*

1. régler comptant	**a.** avec les taxes
2. un devis	**b.** prendre un bénéfice
3. un acompte	**c.** ce qui reste à payer
4. finaliser	**d.** une réduction de prix
5. marger	**e.** une somme que l'on verse lors de la commande
6. le solde	**f.** sans les taxes
7. T.T.C.	**g.** terminer
8. une remise	**h.** une étude de prix que l'on donne
9. H.T.	**i.** payer tout de suite

Communication

6 *Imaginez que vous êtes Bruno Ripoche, le vendeur.*
Rédigez la lettre qui accompagne le nouveau devis. Celui-ci a été établi en tenant compte des éléments suivants :
- augmentation du nombre de connexions Vax,
- reprise de terminaux.

7 *Imaginez un dialogue par téléphone entre Monsieur Ripoche et Monsieur Dupont, un certain temps après la réception du nouveau devis.*

Monsieur Ripoche appelle pour savoir où en sont les choses : obtention de l'accord du Conseil scientifique ? Monsieur Dupont peut chercher à obtenir une remise en utilisant différents arguments.

Transcription

Séquence initiale de présentation (sans intertitre)

début : 40'52 - durée : 01'37

C.L. : Claude Le Ninan, F.C. : Frédéric Courtet

C.L. Frédéric Courtet / qu'est-ce qu'un concessionnaire agréé Apple ?

F.C. un concessionnaire Apple / c'est un distributeur de matériel micro-informatique / qui respecte un cahier des charges dicté par Apple / en termes de / surface de vente / structure financière / et nombre de commerciaux / compétents / nous allons devenir bientôt Apple Center /

C.L. et / qu'est-ce que ça va changer pour vous ? /

F.C. un Apple Center / c'est une reconnaissance d'Apple / euh qui / demande à être mono-marque / et d'avoir une structure financière et justement un nombre de collaborateurs plus important /

C.L. combien de machines est-ce que vous vendez chaque mois ? /

F.C. toutes gammes confondues / nous vendons environ cent Macintosh par mois /

C.L. et / quel est le profil de vos clients ? /

F.C. nous avons deux catégories de clientèle / euh u- une clientèle de particuliers qui vient en boutique et une / clientèle de / professionnels / comme les grands comptes / administrations / grandes universités / ou des PME-PMI / ou alors des professions libérales /

C.L. pourquoi avoir choisi de vendre une seule marque ? /

F.C. parce que nous désirions avoir une compétence / euh la plus pointue sur / un type de matériel et il est difficile / de d'être performant / sur une gamme trop étoffée / c'est pourquoi nous avons choisi une seule marque/ et Apple qui nous paraissait la marque la plus / performante sur le marché /

C.L. qu'est-ce que sera M2R dans un an ou dans deux ans ? /

F.C. notre ambition est de devenir le leader régional Apple / nous avons actuellement deux points de vente / un à Mulhouse / et un à Besançon / notre réseau va s'étoffer / l'année prochaine / par deux Apple-points / qui nous permettront d'être au plus près du client /

Prise de contact

début : 42'29 - durée : 01'01

G.D. : Gérard Dupont

G.D. bonjour / Gérard Dupont du Centre de calcul / euh je souhaiterais vous rencontrer d'une part pour vous entretenir d'un projet d'équipement / Mac / et d'autre part pour que vous me présentiez / les nouveautés / toujours en matière de Mac / est-ce possible ? / eh bien écoutez le le plus tôt possible / je suis libre là pour l'instant / ce matin il n' y a aucun problème / donc dans une heure chez vous / c'est ça ? / vous êtes Monsieur ? / Monsieur Ripoche / oui / d'accord merci / au revoir / Ripoche /

Présentation du matériel

début : 43'30 - durée : 02'20

B.R. : Bruno Ripoche, G.D. : Gérard Dupont

B.R. je vais donc vous présenter la gamme de Macintosh / qui se trouve ici /

G.D. oui /

B.R. tout d'abord les Macintosh euh d'entrée de gamme / vous avez le Macintosh Classic à base de 68000 / et le Macintosh Classic II à base de 68030 / vous avez deux fois plus de rapidité sur un Macintosh Classic II que sur un Macintosh Classic / ensuite vous avez le modèle Macintosh LC / à base de microprocesseur 68020 /

G.D. hum hum /

B.R. qui a à peu près le même niveau de performances que le Macintosh Classic II mais par contre vous avez un écran / tout de suite / de taille supérieure / l'écran peut être en monochrome / ou en couleur /

G.D. il y a une possibilité d'adjoindre un A4 à la place de cet écran ? /

B.R. oui c'est possible mais c'est une solution / assez coûteuse et dans ces cas-là / il vaut mieux utiliser un Macintosh II si / je vais maintenant vous montrer le Macintosh le plus puissant de du milieu de gamme / qui est le Macintosh II ci / vous avez donc euh devant vous cette machine connectée avec un écran 21 pouces /

G.D. hum hum /

B.R. en standard vous il peut gérer / un écran demi A4 soit monochrome soit couleur / ou un écran A4 en monochrome / vous pouvez aussi donc connecter ce même type d'écran /

G.D. oui /

B.R. avec une carte supplémentaire / qui est ajoutée / en monochrome ou en couleur / toujours /

G.D. d'accord / le nombre de couleurs qui sont gérées actuellement euh sur cette configuration ? /

B.R. alors avec la carte Apple vous pouvez monter jusqu'à 256 couleurs / et avec des cartes de d'autres fournisseurs vous pouvez monter jusqu'à seize millions de couleurs / dans le haut de gamme / nous avons les Macintosh Quadra /

G.D. oui /

B.R. qui viennent de sortir / deux modèles / vous avez le Quadra 700 /

G.D. hum hum /

B.R. qui se présente sous la forme d'un Macintosh II ci /

G.D. oui /

B.R. et / le Quadra 900 qui se présente sous la forme d'une tour / une machine qui est à peu près euh haute comme ça / ça remplace le Macintosh II fx / qui n'existe plus maintenant /

G.D. oui /

B.R. et c'est une machine qui va à peu près deux fois plus vite /

G.D. d'accord / et vous l'avez en ce moment en démonstration ? /

B.R. plus maintenant / les derniers ont été vendus dernièrement / nous en attendons pour cette semaine /

Projet d'équipement

début : 45'50 - durée : 01'44

G.D. voilà mon projet / il s'agit de compléter le parc informatique de notre service / d'une part en postes de travail bureautique / nombre six / d'autre part en poste de travail traitement d'images afin de développer / notre application traitement d'images de synthèse / il nous faudrait pour ce faire donc du / matériel de haut de gamme / et enfin / en termes de postes de travail / en insertion dans un monde hétérogène notamment en connexion sur / un matériel Vax /

B.R. d'accord / euh j'aurais besoin de quelques précisions au niveau du Vax /

Transcription

G.D. je vous en prie /

B.R. quel modèle ? /

G.D. c'est un MicroVax /

B.R. bien / au niveau des postes bureautiques / vous désirez quel type d'écran ? /

G.D. essentiellement des postes équipés d'écrans A4 / en monochrome /

B.R. d'accord / images de synthèse je suppose qu'on part sur du Quadra ? /

G.D. hum hum /

B.R. avec un écran euh grand format en couleur /

G.D. grand format couleur permettant de gérer le maximum de couleurs c'est-à-dire les seize millions de de couleurs /

B.R. très bien / et euh au niveau du Vax / vous voulez connecter tous les postes ? /

G.D. non une partie des postes environ trois ou quatre postes cela suffira / grandement / et à ce propos j'aurais aimé savoir si vous aviez des références dans ce domaine-là / est-ce que vous avez équipé par exemple des des services en ?/

B.R. oui / nous avons équipé dernièrement le Conseil Régional de Franche-Comté avec des Macintosh qui sont connectés sur leur Vax /

G.D. sur un Vax / et il est possible de d'avoir un contact avec euh les personnes qui sont utilisateurs aujourd'hui de ce système ?/

B.R. oui / il faut que je prenne rendez-vous avec le responsable /

G.D. oui /

B.R. on fixe une date ensemble /

G.D. hum /

B.R. et on va visiter ensemble le site /

Référence

début : 47'34 - durée : 01'54

P.-Y.C. : Pierre-Yves Cachot, B.R. : Bruno Ripoche, G.D. : Gérard Dupont, X. : personne vue de dos.

P.-Y. C. il faut le resortir on voit rien là / tu vois hein /

X. OK /

B.R. monsieur Cachot bonjour /

P.-Y. C. bonjour Monsieur Ripoche /

B.R. je vous présente Monsieur Gérard Dupont /

P.-Y. C. enchanté /

G.D. Monsieur Cachot bonjour /

B.R. Pierre-Yves Cachot / donc voici le site où nous avons installé 80 Macintosh /

G.D. hum hum /

B.R. et reliés à un Vax /

G.D. c'est tout à fait ce que je vous avais demandé / et c'est ce qui m'intéresse en fait / alors j'aurais souhaité que vous me montriez euh dans quel environnement vous avez situé vos Mac /

P.-Y. C. d'accord /

G.D. comment vous les avez reliés au Vax et ce que on peut en faire / si c'est possible bien entendu ? /

P.-Y. C. oui oui bien sûr / ben comme vous l'a dit Monsieur Ripoche donc ça fait six mois que nous avons choisi Macintosh /

G.D. hum hum /

P.-Y. C. à ce jour nous en avons 80 / tous connectés à un site central Vax / et si vous voulez je vais vous montrer tout simplement comment se fait une connexion / donc / j'y accède ici / voilà / et là mon logiciel / est en train de se connecter / sur l'ordinateur central / alors cette connexion prend environ quelques secondes / voilà et j- on me demande de décliner mon identité / alors vous connaissez les systèmes de mots de passe sécurisés etc. / voilà / et je suis dans la position d'un utilisateur / utilisant / un programme / fonctionnant sur le Vax /

G.D. d'accord / et comment s'effectue le service après-vente / lorsqu'il y a un problème ? / est-ce qu'on a ?/

B.R. alors nous on s'occupe de tout ce qui est maintenance euh sur les Macintosh /

G.D. oui /

B.R. sur le réseau / des Macintosh / aussi au niveau du câblage et des boîtiers de transmission entre les différents types de câblage / à travers les trois bâtiments / euh nous n'intervenons plus euh par contre à partir du moment où c'est un problème logiciel sur le Vax /

G.D. d'accord /

B.R. ou un problème de connexion / euh physique à la sortie du Vax /

P.-Y. C. où là je traite avec mon fournisseur habituel / mais jusqu'à maintenant il n'y a pas eu de problème /

Présentation du devis

début : 49'28 - durée : 03'32

G.D. : Gérard Dupont, B.R. : Bruno Ripoche

G.D. entrez ! /.

B.R. bonjour ! /

G.D. Monsieur Ripoche bonjour / je vous en prie asseyez-vous /

B.R. je viens donc comme prévu vous apporter le devis concernant la l'équipement /

G.D. oui le projet que nous avions donc euh / dont on avait discuté ensemble c'est ça /

B.R. voilà / voilà donc / la proposition / au niveau matériel /

G.D. d'accord /

B.R. donc j'ai proposé des postes bureautiques / donc au nombre de six /

G.D. oui /

B.R. le poste de traitement d'images / donc à base de Macintosh Quadra /

G.D. oui / 900 /

B.R. voilà /

G.D. c'est ça /

B.R. le des écrans A4 pour le les Macintosh II si /

G.D. oui /

B.R. et le moniteur 21 pouces couleur pour le poste de traitement d'images /

G.D. d'accord /

B.R. ensuite / trois connexions sur le site Vax donc qui correspondent à l'équipement que nous avons vu au Conseil Régional /

G.D. tout à fait c'est ce que je vous avais initiali- initialement demandé / mais en fait je crois qu'on va étendre les les connexions à l'ensemble des postes /

B.R. oui /

G.D. bureautique essentiellement / donc les les six postes que vous m'avez mentionnés ici il faudrait également / les relier au Vax / donc prévoir une connexion Vax / d'accord / il y a une chose que nous n'avons pas abordée jusqu'à maintenant non plus / euh nous avons des des postes de travail /

B.R. oui /

G.D. est-ce que vous pratiquez la reprise de ces postes de travail dans la mesure où pour nous ils ne sont plus d'utilité ? /

B.R. oui alors actuellement Apple offre une / possibilité de reprise de vos postes de travail /

G.D. oui /

B.R. que vous n'utilisez plus /

G.D. hum hum /

B.R. contre l'achat de / matériel de type Macintosh /

G.D. on rentre tout à fait dans le cas de figure ? /

B.R. voila / tout à fait / donc dans le cas du Macintosh II si / euh nous pouvons reprendre vos terminaux / 5000 francs /

G.D. hum hum /

B.R. par Macintosh si et par terminal bien sûr /

G.D. 5000 francs / hors taxes ? /

B.R. hors taxes / oui / et dans le cas du Macintosh Quadra votre terminal euh équivaut à une remise de 10 000 francs /

G.D. vous serait-il possible de m- de revoir un tout petit peu le devis donc en incluant ces deux paramètres /

B.R. oui /

G.D. c'est possible ? /

B.R. oui / mais si vous avez le temps je peux le modifier directement euh j'ai amené mon Macintosh avec moi /

G.D. vous pouvez me donner une idée ? /

B.R. oui, comme ça /

G.D. très bien /

B.R. comme ça vous aurez une idée du coût / immédiatement / donc là on était à une valeur de euh 295 700 euh on arrive à une valeur maintenant de 267 700

G.D. 267 700 /

B.R. donc en comptant les connexions Vax en plus /

G.D. oui /

B.R. et en retirant les reprises des terminaux / que vous n'utilisez plus /

G.D. bien /

B.R. voilà donc moi ce que je vous propose c'est de finaliser ce devis au bureau et de vous l'envoyer par fax euh dès mon retour /

G.D. d'accord / moi ce que je vais faire je vais vous donner mon / le numéro du fax / hein qui est ici donc vous pouvez me l'envoyer dès que / euh vous avez finalisé le document / et puis à partir de cela eh bien je j'en référerai donc à mon Conseil scientifique pour / l'acquisition définitive /

B.R. très bien /

Lexique

m. : masculin, f. : féminin

A4 : format de papier 21 x 29,7 cm, désigne ici un écran qui permet de voir en une fois un document de cette taille, dans le sens vertical

aborder : commencer à parler de

acquisition (f.) : achat

Apple Center (m.) : agence qui vend exclusivement du matériel de la marque Apple

base de données (f.) : logiciel qui permet d'organiser des données de différentes manières

boîtier de transmission (m.) : élément qui permet de faire circuler des données entre différentes machines

boutique (f.) : magasin, agence

bureautique (f.) : qui concerne les activités de bureau (secrétariat, calcul, gestion de données)

cablage (m.) : opération qui consiste à poser des cables pour relier entre eux les différents éléments d'un système

cahier des charges (m.) : document contractuel qui définit entre un client et un fournisseur les caractéristiques d'un produit ou d'un service donné

carte (f.) : carte électronique (rassemble un certain nombre de composants)

cas de figure (m.) : cas, situation

civilités (f.) : formules de politesse

collaborateur (m.) : personne avec qui l'on travaille, et qui possède un rang hiérarchique identique au sien

commercial (m.) : personne chargée de la vente

concessionnaire agréé (m.) : professionnel à qui un fabricant accorde le droit de vendre ses produits et dont il reconnaît par là la compétence

Conseil Régional (m.) : administration locale qui se situe au niveau de la Région (22 en France)

Conseil scientifique (m.) : assemblée qui décide de l'achat d'équipements importants dans une université

contraint : obligé

décliner son identité : donner son nom

délai (m.) : temps nécessaire pour faire quelque chose

démonstration (en) : que l'on peut voir fonctionner

devis (m.) : document établi par une société à l'intention d'un client, qui indique en détail le type et le prix de produits ou de services

disposer de : pouvoir utiliser, posséder

entrée de gamme (f.) : se dit du matériel le moins sophistiqué, performant, et le meilleur marché, d'une famille de produits

entretenir (s') : parler, discuter

étendre : élargir

étoffer (s') : étendre (s')

étoffé : étendu

finaliser : mettre au point, terminer

fournisseur (m.) : société qui vend des produits

Franche-Comté (f.) : une des 22 régions françaises, située dans l'Est du pays (capitale : Besançon)

gérer : contrôler

grand compte (m.) : client institutionnel qui achète un grand nombre de machines

haut de gamme : se dit du matériel qui possède les performances les plus élevées par rapport aux autres produits de la même famille

hétérogène : dont tous les éléments n'appartiennent pas à la même famille

hors taxes : qui exclut la TVA (taxe à la valeur ajoutée)

image de synthèse (f.) : image créée à l'aide d'un programme informatique

impérativement : obligatoirement

implantation (f.) : installation

insertion (en) : dans

juste au niveau prix (être) : réaliser un bénéfice inférieur à la normale

leader (m.) : qui occupe la première place

logiciel (m.) : programme informatique

maintenance (f.) : action de conserver des machines en état de fonctionnement satisfaisant

marge bénéficiaire (f.) : différence entre le prix d'achat et le prix de vente

milieu de gamme : se dit du matériel qui possède des performances moyennes par rapport aux autres produits de la même famille

monochrome : (écran) en noir et blanc

monter : aller

mot de passe (m.) : code qu'il faut connaître pour accéder à des informations (ou pénétrer dans certains endroits)

paramètre (m.) : élément

parc (m.) : ensemble des machines

particulier (m.) : individu

performant : qui possède un haut niveau de performances

PME-PMI (f.) : petite et moyenne entreprise, petite et moyenne industrie

pointu : spécialisé

poste de travail (m.) : terminal informatique

pouce (m.) : unité de longueur en vigueur dans les pays anglo-saxons (1 pouce = 2,54 cm)

pratiquer la reprise : reprendre, racheter

Lexique

procéder : faire, effectuer

profession libérale (f.) : profession indépendante dont les membres ne sont pas salariés et qui nécessite des diplômes d'enseignement supérieur (par exemple : médecins, avocats, architectes)

profil (m.) : caractéristiques sociologiques (par exemple, pour un individu : âge, sexe, situation familiale, profession, revenus...; pour une société : domaine d'activité, nombre d'employés, chiffre d'affaires...)

règlement (m.) : paiement

remise (f.) : réduction

rupture de stock (f.) : manque de pièces ou de produits

sécurisé : qui répond aux exigences de sécurité

service après-vente (m.) : service d'une société, qui s'occupe de résoudre les problèmes liés à l'utilisation d'un produit après son achat (par exemple : conseils, réparations)

site (m.) : endroit

souscrire (un contrat) : prendre (un contrat)

tableur (m.) : logiciel qui permet d'effectuer et de modifier très facilement des calculs

tâche (f.) : travail

tendance (f.) : orientation

terminal (m.) : terminal informatique

tour (f.) : bâtiment de base étroite et élevé, désigne ici un ordinateur qui se place verticalement et non pas horizontalement

tout compris : en tenant compte de tous les éléments

traitement d'images (m.) : travail sur des images naturelles ou de synthèse

traiter : travailler

Vax (m.) : modèle d'ordinateur fabriqué par la société Digital Equipment Corporation (DEC)

volet (m.) : aspect

CIAL (1)

BANQUE POUR L'INDUSTRIE

Durée du film : 12'17

Séquence initiale de présentation (sans intertitre)	***début :*** *00'00*	***durée :*** *03'33*

- mettre en valeur une société
- présenter des informations
- prendre des notes
- offrir ses services

Démarche n°1	***début :*** *03'33*	***durée :*** *02'31*

- exprimer son accord
- informer un collègue à propos d'une affaire
- prendre des notes

Démarche n°2	***début :*** *06'04*	***durée :*** *06'13*

- comprendre une argumentation
- argumenter par la cause
- faire un compte rendu oral à partir de notes
- exprimer son accord, son désaccord
- prendre des notes (présentation d'un projet)
- négocier

SÉQUENCE INITIALE DE PRÉSENTATION

INTERVIEW **début :** 00'00 **durée :** 03'33

Repérages

1 *Regardez la séquence avec le son, puis cochez (✔) parmi les informations, ce que vous avez vu et/ou entendu.*

Information	**Vu**	**Entendu**
a. signification du sigle CIAL	❑	❑
b. implantation du CIAL en France	❑	❑
c. appartenance du CIAL au groupe CIC	❑	❑
d. implantation du CIAL en Allemagne	❑	❑
e. implantation du CIAL en Suisse	❑	❑
f. "Finances et Stratégies"	❑	❑
g. footballeur américain	❑	❑
h. "CIAL EQUIPEMENT"	❑	❑
i. implantation du CIAL à New York	❑	❑
j. implantation du CIAL en Californie	❑	❑
k. implantation du CIAL en Amérique du Sud	❑	❑
l. implantation du CIAL en Asie	❑	❑

Compréhension

2 *Regardez la séquence avec le son, puis choisissez les affirmations correctes.*

2.1 Le CIAL a été créé en

a. 1909.
b. 1918.
c. 1919.

2.2 Le réseau du CIAL couvre
a. l'Alsace, la Lorraine et la Franche-Comté.
b. l'Alsace et la Franche-Comté.
c. la France entière.

2.3 A l'étranger, le CIAL opère essentiellement en
a. Allemagne, Belgique, Suisse.
b. Allemagne, Luxembourg, Suisse.
c. Belgique, Luxembourg, Suisse.

2.4 Les services sur mesure mentionnés sont au nombre de
a. trois.
b. quatre.
c. cinq.

2.5 Le crédit-bail et la location financière sont des formes de financement
a. très différentes l'une de l'autre.
b. assez différentes l'une de l'autre.
c. peu différentes l'une de l'autre.

2.6 En dehors de l'Europe, le CIAL opère
a. à travers le groupe CIC.
b. à travers des filiales du CIC.
c. à travers des filiales du CIAL.

Exploitation

3 *Complétez les phrases avec les mots ou les expressions qui conviennent.*

chances / filiale / services mesurés / crédit-bail / couvre / atouts / dépendance / crédit-location / services sur mesure / coiffe / succursale.

a. Notre réseau .... l'ensemble du pays.

b. Nous possédons deux .... par rapport à nos confrères : d'une part notre connaissance du terrain, d'autre part un réseau très complet.

c. Alors que la société-mère se porte bien, sa principale .... est en déficit.

d. Si vous ne souhaitez pas immobiliser votre capital, je vous conseille de choisir la formule du ....

e. Nous allons prochainement ouvrir une .... dans la technopole qui se trouve à proximité de l'aéroport.

f. Pour nous, chaque client est un cas particulier. C'est la raison pour laquelle nous vous offrons des ....

4 *En vous aidant de la transcription, repérez et notez dans le tableau suivant, les mots et expressions utilisés pour donner une image positive de la banque.*

Adverbes ou locutions adverbiales marquant l'intensité, la capacité	Verbes marquant la capacité
• OK également, essentiellement	• pouvoir proposer
•	• ....
•	• ....
•	• ....
•	• ....
•	• ....
•	• ....
•	
•	
•	
•	
•	

Communication

5 *Imaginez que vous assistez à l'interview de Monsieur Jachez.*
Prenez des notes, puis présentez de façon concise les caractéristiques et les points forts du CIAL.

6 *Utilisez les notes que vous venez de prendre et faites une présentation du CIAL à un client potentiel.*

DÉMARCHE n°1

SIMULATION **début :** 03'33 **durée :** 02'31

Repérages

1 *Regardez la séquence sans le son, puis indiquez si les informations sont vraies ou fausses.*

Information	Vrai	Faux
a. La discussion se déroule dans le bureau de la femme.	❑	❑
b. La femme remet un dossier à l'homme.	❑	❑
c. L'homme prend des notes.	❑	❑
d. La femme prend des notes.	❑	❑
e. L'homme utilise son ordinateur pour obtenir des renseignements.	❑	❑
f. L'ambiance semble détendue.	❑	❑

Compréhension

2 *Regardez la séquence avec le son, puis choisissez les affirmations correctes.*

2.1 L'entrevue a lieu à l'initiative
- **a.** du banquier de Madame Morel.
- **b.** de Madame Morel.
- **c.** d'une tierce personne.

2.2 Madame Morel vient demander
- **a.** un prêt.
- **b.** des conseils.
- **c.** une garantie.

2.3 Le prix du matériel s'élève à
- **a.** 500 000 dollars.
- **b.** 600 000 dollars.
- **c.** 700 000 dollars.

2.4 Le matériel provient de
- **a.** Thaïlande.
- **b.** Haïnan.
- **c.** Taïwan.

2.5 La solution proposée par le banquier est satisfaisante

a. pour Madame Morel et son fournisseur.
b. surtout pour Madame Morel.
c. surtout pour son fournisseur.

2.6 Pour la suite des opérations, Madame Morel aura affaire à

a. son banquier habituel.
b. un spécialiste de la banque.
c. son banquier habituel et à un spécialiste.

Exploitation

3 *Remplacez le mot ou l'expression souligné par un équivalent qui a été utilisé dans la séquence.*

a. Bonjour Mademoiselle, je voudrais vous parler d'un projet important.
b. Notre agence est capable de vous fournir une aide pour tout ce qui concerne les mouvements de capitaux.
c. Je vous promets de vous donner les renseignements avant ce soir sans faute.
d. Ce contrat offre le maximum de sécurité.
e. Les formalités ont été effectuées sous le contrôle d'un de nos représentants.
f. Je vais vous orienter vers notre Service juridique qui vous proposera une solution adéquate.
g. La société va acheter un nouveau matériel de communication, de façon à éviter les attentes.
h. Ils disent que ce n'est pas assez ! Nous leur avons pourtant payé les 75 000 francs prévus au contrat.

4 *Repérez, en vous aidant éventuellement de la transcription, les mots et expressions qui expriment l'accord et la volonté de coopération entre les deux personnages.*

....

....

....

Communication

5 *Imaginez le dialogue entre deux personnes (A et B).*
A présente son projet à B. B approuve.
Utilisez pour cela, entre autres, les mots et expressions vus lors de l'activité 4.

6 *Imaginez que vous êtes à la place du banquier.*
Vous prenez des notes afin de pouvoir informer Monsieur Roth, le responsable du Service étranger.

7 *Imaginez la conversation téléphonique entre le banquier et Monsieur Roth.*

DÉMARCHE n°2

SIMULATION **début :** 06'04 **durée :** 06'13

Repérages

1 *Regardez la séquence sans le son entre les repères 07'24 et 08'31 de l'horloge, puis indiquez si les informations sont vraies ou fausses.*

Information	Vrai	Faux
a. Madame Morel pose une question à son banquier.	❑	❑
b. Madame Morel n'apprécie pas ce que lui dit son banquier.	❑	❑
c. Le banquier semble convaincu par ce que lui dit Madame Morel.	❑	❑

Compréhension

Remarque : Etant donné la longueur de cette séquence, nous vous proposons de la partager en deux pour vérifier ce que vous avez compris. Vous pouvez bien entendu procéder autrement si vous le souhaitez et regarder l'ensemble de la séquence, puis répondre aux questions des exercices 2 et 3.

2 *Regardez la séquence avec le son jusqu'au repère 07'23 de l'horloge, puis choisissez les affirmations correctes.*

2.1 La demande de Madame Morel porte sur un emprunt pour

a. acheter du nouveau matériel.
b. rembourser un achat de matériel.
c. modifier du matériel.

2.2 Le coût total du projet s'élève à

a. 3,0 millions de francs.
b. 2,5 millions de francs.
c. 2,0 millions de francs.

2.3 Le prêt, s'il est consenti, se fera en

a. dollars.
b. francs.
c. dollars pour une partie, en francs pour l'autre.

2.4 L'entreprise de Madame Morel

a. n'exporte pas dans les pays de la zone dollar.
b. exporte peu dans les pays de la zone dollar.
c. exporte beaucoup dans les pays de la zone dollar.

2.5 Le taux de change du franc par rapport au dollar est

a. très favorable au dollar.
b. favorable au dollar.
c. peu favorable au dollar.

3 *Regardez la séquence avec le son à partir du repère 07'23 de l'horloge, puis choisissez les affirmations correctes.*

3.1 Le banquier propose un prêt à un taux de

a. 9,25 %.
b. 10,40 %.
c. 10,80 %.

3.2 Madame Morel

a. n'accepte pas le taux proposé.
b. demande à réfléchir.
c. accepte le taux après discussion.

3.3 En 1992, le chiffre d'affaires de la société Morel Technic s'est élevé à

a. 23 millions de francs.
b. 18 millions de francs.
c. 15 millions de francs.

3.4 Finalement, le taux du prêt sera inférieur à celui annoncé au début parce que le banquier

a. accepte de réduire sa marge bénéficiaire.
b. va combiner son prêt avec d'autres à des taux inférieurs.
c. va attendre que le taux du franc baisse.

3.5 Le banquier souhaite que la durée du prêt soit de

a. 7 ans.
b. 6 ans.
c. 5 ans.

3.6 Finalement, le banquier

a. va consulter son supérieur hiérarchique, qui donnera sa réponse.
b. demande un délai avant de donner sa réponse.
c. accepte la demande de Madame Morel.

Exploitation

4 *Répondez aux questions, en vous aidant éventuellement de la transcription.*

4.1 Dans quels cas (deux) serait-il avantageux pour la société de Madame Morel de faire un emprunt en dollars ?

....

....

....

4.2 Quel est le montant de la marge bénéficiaire que souhaite réaliser le banquier en proposant un taux de prêt de 10,80 % ?

....

4.3 Quels sont les arguments que Madame Morel utilise pour essayer d'obtenir une baisse du taux d'intérêt ?

....

....

....

....

....

4.4 Comment le banquier arrive-t-il à conserver sa marge bénéficiaire et à satisfaire la demande de Madame Morel d'un prêt à un taux inférieur aux 10,80 % qu'il propose ?

....

4.5 Quels sont les avantages et la conséquence pour l'entreprise de disposer de la nouvelle machine ?

Avantages : ....

Conséquence : ....

4.6 Dans la demande de Madame Morel, deux points (autres que le taux d'intérêt) gênent son banquier. Lesquels ?

....

....

5 *Relevez jusqu'au repère 08'05 de l'horloge (... "amortir cette dépense beaucoup plus rapidement"), en vous aidant éventuellement de la transcription, les mots et expressions utilisés par les deux personnages pour demander, suggérer quelque chose.*

j'aurais voulu aborder..

....

....

....

6 *Relevez, en vous aidant éventuellement de la transcription, les mots et expressions qui marquent : d'une part l'accord, d'autre part le désaccord et la recherche de concession.*

Accord	Désaccord, recherche de concession
• *oui*	• *mais (c'est très élevé)*
•	• ....
•	• ....
•	• ....
•	• ....
•	• ....
•	• ....
•	• ....

7 *Complétez les dialogues (entre les personnages A et B) avec les mots et expressions donnés.*

d'accord / effectivement / plutôt / quand même / tout à fait.

7.1 A. – Vous êtes d'accord avec le contrat ?

B. – .... il me convient parfaitement.

7.2 A. – Je pense qu'on pourrait encore améliorer la présentation. Regardez, ici par exemple.

B. – ...., il y a encore quelques défauts. Je vais demander au graphiste de retravailler la question.

7.3 A. – La proposition d'ARUNA est la plus séduisante, qu'en penses-tu ?

B. – Pour ma part, je pencherais .... pour celle de MR2, pour une question de compétence au niveau réseau.

7.4 A. – Voilà, j'ai transmis le dossier au Président.

B. – Transmis le dossier ! Je pensais qu'on m'aurait .... consulté avant !

7.5 A. – Nous nous revoyons donc dans 15 jours pour la signature du contrat.

B. – ....

8 *Complétez les phrases avec les mots et expressions donnés.*

donc / c'est pour ça que / compte tenu de / en raison de / étant donné / obliger / permettre.

a. Ce n'est pas un gros avantage de faire un prêt en dollars .... qu'il est assez bas actuellement.

b. Le taux du franc est actuellement de 9,80 % .... nous achetons l'argent à ce prix-là.

c. .... tout ce que je vous ai énuméré, il y a peut-être quand même une possibilité.

d. L'acquisition de cette machine va nous .... à embaucher plusieurs personnes.

e. Nous allons fabriquer toutes nos pièces, ce qui va .... un gain de temps appréciable.

f. Notre rentabilité devrait s'accroître de façon très sensible. .... nous voulons acheter cette machine.

g. .... l'importance de votre demande, je dois soumettre votre dossier à notre directeur de groupe.

9 *Retrouvez les expressions exactes.*

1. consentir	**a.** une marge bénéficiaire
2. réaliser	**b.** un prêt
3. être	**c.** des rentrées en dollars
4. aborder	**d.** d'un rendez-vous
5. avoir	**e.** opérationnel
6. convenir	**f.** un sujet

10 *Complétez les phrases avec les mots ou les expressions qui conviennent.*

a. financer / payer / acquitter
Le gouvernement a pu .... ce projet grâce à un prêt du FMI (Fonds Monétaire International)

b. me donner / me prêter / m'avancer
Monsieur le Directeur, j'ai de grosses dépenses à cause de mon installation, la société pourrait-elle .... de l'argent sur mon salaire ?

c. prêter / faire un emprunt / demander de l'argent
Ne disposant pas du capital nécessaire, nous sommes obligés de .... à moyen terme auprès d'une banque.

d. monnaies / devises / espèces
Pour acheter des ...., il faut vous adresser à notre Service étranger.

e. L'équivalence / Le prix / La parité
.... du dollar par rapport au franc suisse varie régulièrement.

f. taux / ratio / rapport
Afin d'attirer les capitaux étrangers, la Banque centrale a décidé de relever son .... d'intérêt.

g. l'atténuer / l'amortir / le payer
En utilisant cet équipement 24 heures sur 24, 7 jours sur 7, il sera possible de .... en cinq ans.

h. La rentabilité / Le profit / Le retour
.... de cet investissement hôtelier me paraît hypothétique : il s'agit d'une zone difficile d'accès et vous aurez donc peu de clients.

11 *Imaginez que vous êtes le banquier de Madame Morel. Prenez des notes concernant son projet, de manière à pouvoir faire un compte rendu à votre directeur.*
Regardez la séquence à nouveau si nécessaire.
Imaginez maintenant que vous allez présenter la demande de prêt à votre directeur de groupe. Utilisez pour cela la fiche que vous venez de compléter.

Votre directeur vous pose quelques questions, en particulier à propos du taux du prêt.

Remarque : en regardant le film CIAL 2, séquence "Etude du dossier", vous pourrez découvrir comment les choses se sont réellement passées.

12 *Imaginez une négociation entre un client et un fournisseur à propos du prix d'un produit que vous aurez choisi. Le dialogue portera, entre autres, sur les éléments suivants :*

- Le client demande une remise importante : 30 %.
- Le fournisseur propose 15 % et explique qu'il fait déjà un gros effort.
- Le client insiste.
- Le fournisseur propose d'aller jusqu'à 20 %, mais demande en contrepartie d'être payé à la livraison.

Vous pouvez utiliser les expressions suivantes :

Cependant / mais / néanmoins / quand même / pourtant / tout de même / voilà ce que je vous propose / je suis (éventuellement) disposé à / on pourrait / je ne peux pas faire plus / je ne peux pas aller plus loin.

Transcription

Séquence initiale de présentation (sans intertitre) *début : 00'00 - durée : 03'33*

C.L. : Claude Le Ninan, P.J. : Pierre Jachez

C.L. monsieur Jachez / qu'est-ce que le CIAL ? /

P.J. le CIAL / c'est le Crédit Industriel d'Alsace et de Lorraine / Alsace Lorraine parce que / il est né en Alsace / en 1919 / à l'initiative / de / monsieur Jean Wenger-Valentin / il couvre / l'Alsace bien sûr la Lorraine mais également la Franche-Comté / et / depuis sa création il appartient à un groupe / qui s'appelle le groupe CIC /

C.L. quels sont les atouts de votre banque ? /

P.J. le premier atout / c'est son enracinement / régional / le CIAL est né / dans sa région / il est composé essentiellement d'un personnel qui est issu / de sa région / et qui est / fortement impliqué / dans l'activité économique régionale / son deuxième atout / c'est sa présence / frontalière / le CIAL est très proche / du Luxembourg / est très proche / de l'Allemagne / est très proche / de la Suisse / et dans ces pays limitrophes / le CIAL / a des succursales / et de tout temps / depuis sa création / il est habitué / à des échanges / avec ces pays / et le troisième atout / c'est la proximité / proximité / au niveau / des décisions / décisions qui sont prises au plus près / d'ailleurs des des clients / un centre de décision donc décentralisé / et euh / la possibilité / je dirai / plus que ça / euh la spécificité de pouvoir proposer / à sa clientèle / des services sur mesure /

C.L. qu'est-ce que vous entendez par services sur mesure ? /

P.J. les services sur mesure sont les services qui sont développés / compte tenu / du particularisme du client / et nous pouvons les développer / d'abord / sur le plan de l'international / puisque c'est notre atout / ce sont tous les services / export / tous les services / en fait qui permettent au client / de mieux développer son activité à l'étranger / et ce sont également des services / euh dans le domaine de l'ingénierie financière / des services qui permettent aux chefs d'entreprise d'augmenter / leurs fonds propres / des services qui permettent également / de transmettre / leur / entreprise / et ceci avec une filiale spécialisée qui s'appelle / Finances et Stratégies / il y a également aussi un autre service sur mesure c'est le service du crédit-bail avec sa variante qui est la location financière / et ça nous le proposons / à travers / notre filiale / spécialement créée à cet effet / qui s'appelle CIAL Equipement / et enfin / il y a les prestations informatiques / les prestations informatiques / c'est mettre à la disposition / des chefs d'entreprise / qui sont / des PME et des PMI / nos techniciens / pour / favoriser les échanges / entre la banque / et les entreprises /

C.L. votre vocation est-elle uniquement hexagonale et européenne ? /

P.J. pas seulement / à travers le groupe CIC / ses bureaux / et ses succursales / nous sommes présents / à New York / en Amérique du Sud / à Singapour / et également dans tous les continents / euh qui nous intéressent sur le plan évidemment de l'exploitation /

Démarche n°1 *début : 03'33 - durée : 02'31*

T.-P.M. : Thierry Pees-Martin, D.M. : Danielle Morel

T. P.-M. vous avez souhaité me rencontrer madame Morel pour me faire part de votre / dernier projet /

D.M. oui en effet d'ailleurs je vous ai apporté un dossier à ce sujet /

T. P.-M. merci /

D.M. notre entreprise envisage d'acquérir une machine-outil / à commande numérique / en provenance de Taïwan / d'une valeur d'environ 500 000 dollars / alors pour cette acquisition le fournisseur le fabriquant de cette machine / euh a besoin d'une garantie bancaire bien sûr / il ne connaît pas notre entreprise / et je voudrais savoir ce que le CIAL peut nous apporter / concernant cette garantie /

T. P.-M. au niveau de la garantie bancaire / nous avons une solution à vous proposer / madame Morel / euh c'est une technique du commerce international qui s'appelle le crédit documentaire / en effet votre fournisseur / est ainsi garanti /

D.M. hum hum /

T. P.-M. d'être payé / car c'est la banque / le CIAL / qui euh s'engage / à lui verser les fonds / en contrepartie il a des obligations lui aussi / il doit / livrer / donc la la machine / euh suivant / un contrat / bien établi / et suivant des règles / que nous / banque / vérifierons /

D.M. vous vérifiez par exemple euh / l'arrivée des marchandises /

T. P.-M. tout à fait /

D.M. que la livraison est effectivement bien effectuée /

T. P.-M. tout à fait / nous vérifions et pour cela nous demandons le document euh douanier / euh comme quoi la machine a bien été dédouanée / pour bien / garantir / que / la machine est sur le sol français / et qu'il vous sera livré /

D.M. donc c'est une garantie finalement qui présente une double sécurité d'une part pour le fournisseur / et d'autre part pour le client /

T. P.-M. tout à fait / tout à fait /

D.M. est-ce qu'éventuellement vous pourrez donc euh regarder peut-être plus attentivement ce- la mise en place / de ce CREDOC / et / nous donner très rapidement les formalités à accomplir vis-à-vis de votre banque / c'est-à-dire les documents à vous apporter / pour la mise en place très rapide de ce système ? /

T. P.-M. bien sûr / le crédit documentaire est un / est une technique qui / demande un très grand formalisme / des deux côtés / du côté du fournisseur et du côté du client / et la banque est amenée à contrôler / tous les documents /

D.M. hum hum /

T. P.-M. donc / euh je vous ferai rencontrer monsieur Roth / de notre Service étranger / qui euh / euh se mettra en rapport avec vous / pour / étudier / votre contrat / avec votre fournisseur de Taïwan /

D.M. donc je pense qu'il n'y a absolument aucun problème à ce niveau que c'est une pratique très courante /

T. P.-M. c'est une pratique très courante en effet /

Démarche n°2

début : 06'04 - durée : 06'13

D.M. alors il y a aussi un deuxième point que j'aurais voulu aborder avec vous aujourd'hui / c'est / le financement de cette acquisition / parce que il s'agit donc d'une machine relativement coûteuse / notre entreprise est prête / et peut le faire / c'est-à-dire / est prête à avancer / 500 000 francs / mais par contre nous aurions besoin / d'un prêt / pour la différence / soit environ 2 500 000 francs /

T. P.-M. en fait vous souhaitez faire un prêt en francs français ? /

D.M. ben je pense que c'est peut-être la meilleure des solutions / puisque vous pouvez peut-être le faire en dollars / mais / nous ne travaillons pas beaucoup avec les pays qui utilisent euh / cette monnaie / nous travaillons beaucoup sur l'Europe et beaucoup moins donc / dans d'autres pays / et il est peut-être préférable dans ce cas de faire un emprunt /

en francs français /

T. P.-M. oui si vous n'avez pas de rentrées en en dollars / et donc si vous n'exportez pas sur des pays de la zone euh dollar / ce n'est pas vraiment un gros avantage de le faire /

D.M. hum hum /

T. P.-M. en / dans cette devise /

D.M. hum hum /

T. P.-M. euh étant donné aussi que / actuellement le dollar est assez bas / la parité vis-à-vis du franc est est est très bonne /

D.M. hum hum /

T. P.-M. est très favorable au franc donc / effectivement euh ce serait / plus opportun de le faire en francs français /

D.M. en francs français /

T. P.-M. actuellement /

D.M. et à quel taux pourriez-vous nous faire ce prêt ? /

T. P.-M. on pourrait vous faire ce prêt à 10,80 % /

D.M. mais c'est très élevé 10,80 % / nous avons eu récemment un prêt à 9,25 / donc / je pense que étant donné l'importance de la somme / la garantie présentée par notre entreprise / la fidélité à votre banque également / je pense que ce sont plusieurs critères qui pourraient intervenir en notre faveur / et je vous demanderai éventuellement dans la mesure du possible d'en discuter / d'examiner notre dossier / et d'abaisser ce prêt / ce qui serait quand même / beaucoup plus intéressant pour nous / et qui nous permettrait d'amortir cette dépense beaucoup plus rapidement /

T. P.-M. actuellement le / le taux du franc au jour le jour est de / de 9,80 % donc nous / nous achetons euh l'argent / à ce / à ce prix-là / donc nous souhaitons faire un un prêt avec / une une marge bénéficiaire bien évidemment comme vous quand vous vendez euh / du matériel / c'est pour ça que euh nous vous proposons un taux légèrement supérieur au taux / du marché monétaire /

D.M. mais il y a peut-être quand même une possibilité / compte tenu donc de tout ce que je vous ai énuméré précédemment / là / de faire un effort supplémentaire pour notre entreprise / et de voir si vous ne pouvez pas abaisser légèrement ce / ce montant /

T. P.-M. vous êtes inscrite au Registre des métiers ? /

D.M. oui /

T. P.-M. donc vous pourrez bénéficier bien évidemment / d'un prêt bonifié / aux artisans / est-ce que euh l'acquisition de cette machine va entraîner l'embauche / de /

D.M. oui / trois personnes /

T. P.-M. personnel ? /

D.M. nous pensons trois personnes / puisque / en fait cette machine va nous permettre de fabriquer toutes les pièces mécaniques / de nos machines à corder / ce qui va nous donner un gain de temps appréciable / une baisse de prix de revient également appréciable / et favoriser l'embauche / de personnes / pour assurer / le montage / des machines / puisque nous allons produire / davantage / de machines à corder / donc nous aurons besoin de personnel supplémentaire / et nous pensons dans l'immédiat dans l'année qui vient / embaucher trois personnes /

T. P.-M. oui donc vous êtes /

D.M. et peut-être davantage ensuite /

T. P.-M. excusez-moi vous êtes susceptible donc de bénéficier des prêts aidés aux artisans /

D.M. hum hum /

T. P.-M. donc euh effectivement le taux global / le taux de sortie de votre prêt sera sera très inférieur à à 10,80 % /

D.M. c'est vous qui vous qui gérez également ce prêt aux artisans ? /

T. P.-M. oui bien sûr /

D.M. qui vous occupez des des documents /

T. P.-M. tout à fait /

D.M. donc est-ce que il sera possible d'avoir une réponse de votre part la semaine prochaine ? / parce que /

T. P.-M. oui oui bien sûr /

D.M. il est urgent donc de passer la commande au fournisseur si nous voulons être opérationnels / au mois d'août prochain /

T. P.-M. bien sûr / mais j'aimerais un petit / une petite information complémentaire /

D.M. oui /

T. P.-M. car je / je remarque que le / que le montant de cette machine est quand même élevé par rapport à votre chiffre d'affaires /

D.M. hum hum /

T. P.-M. alors qu'attendez-vous / euh de cette nouvelle machine ? /

D.M. eh bien écoutez je vous ai donné donc une petite information prévisionnelle / hein /

T. P.-M. oui /

D.M. concernant l'augmentation de notre chiffre d'affaires / qui n'est pas négligeable hein vous avez pu le constater / puisque nous avons prévu pour 93 un chiffre d'affaires qui passerait à 23 millions de francs /

T. P.-M. c'est ça /

D.M. au lieu des 18 millions actuels / avec une économie par an de 2 millions / et donc euh nous nous voyons vraiment un accroissement de 5 et voire 10 millions dans les dix années qui viennent /

T. P.-M. je vois que ça va vous procurer une / une augmentation très forte de la rentabilité de votre /

D.M. tout à fait /

T. P.-M. de votre entreprise /

D.M. et c'est pour ça que nous envisageons cette dépense /

T. P.-M. et vous souhaitez euh que le prêt / soit sur quelle durée ? /

D.M. eh bien écoutez nous aimerions tout de même qu'il soit un peu plus / important que cinq années /

T. P.-M. oui /

D.M. et comptablement parlant / il est possible d'amortir la machine sur sept ans /

T. P.-M. hum hum /

D.M. donc vous pourriez peut-être nous consentir un prêt sur cette durée /

T. P.-M. oui / peut-être mais euh / la rentabilité annoncée donc de / cette nouvelle machine / est tellement importante que moi je vous conseillerais plutôt de de réduire /

D.M. de réduire la durée /

T. P.-M. sur cinq années /

D.M. hum hum /

T. P.-M. et de faire un un amortissement euh / euh beaucoup plus court /

D.M. alors est-ce qu'il vous sera possible justement / au vu de ce dossier / de / regarder / les possibilités / que vous pouvez nous offrir /

T. P.-M. bien sûr madame /

D.M. ce que vous pouvez faire / bon quant à la durée / quant au taux et quant à la mise en place à la fois du CREDOC et / de ce de cet emprunt ? /

T. P.-M. tout à fait / en en raison du montant de la / du montant de la garantie donc du crédit documentaire et du / et du prêt / euh votre dossier relève de la compétence de notre directeur de groupe / que je rencontre d'ailleurs sous trois jours /

D.M. hum hum /

T. P.-M. donc je pourrai vous donner une réponse dans ce même délai /

D.M. oui / d'accord /

T. P.-M. je pourrai vous contacter dans /

D.M. tout à fait /

T. P.-M. trois jours /

D.M. vous me téléphonez dans trois jours et nous convenons d'un rendez-vous pour la mise en place de / de ce dossier /

Lexique

m. : masculin, f. : féminin

aborder : commencer à parler de

acquérir : acheter

acquisition (f.) : achat

amortir : rembourser

apporter : donner

artisan (m.) : personne qui exerce une activité manuelle à son propre compte (un petit industriel peut parfois être considéré comme un artisan, c'est le cas ici)

atout (m.) : avantage

au vu de : après examen de

avancer : payer, prêter

à l'initiative de : à partir d'une idée de

chiffre d'affaires (m.) : montant total des ventes sur une période donnée

CIC (m.) : Crédit Industriel et Commercial

comptablement parlant : du point de vue de la Loi de finances publiée chaque année par le Ministère de l'Economie et des Finances, qui fixe le montant des investissements qu'une entreprise peut déduire de ses impôts

consentir (un prêt) : accorder

contrepartie (en) : échange (en)

convenir : se mettre d'accord

couvrir : être présent

crédit documentaire (m.) : technique du commerce international qui permet de garantir fournisseurs et clients en ce qui concerne la livraison et le paiement de marchandises

crédit-bail (m.) : formule de financement d'achat de matériel sans apport de capital de la part de l'acheteur

CREDOC (m.) : crédit documentaire

critère (m.) : élément

dédouaner : effectuer auprès du Service des Douanes les formalités nécessaires à l'importation de marchandises

délai (m.) : temps nécessaire pour faire quelque chose

devise (f.) : monnaie étrangère

disposer de : pouvoir utiliser, posséder

embauche (f.) : action d'engager des personnes dans une entreprise

emprunt (m.) : action d'obtenir de l'argent à titre de prêt

engager (s') : promettre`

enracinement (m.) : fait d'être établi de façon durable et solide

énumérer : citer

envisager : avoir le projet de, penser à

export (m.) : exportation

faire part de : parler de

filiale (f.) : société dirigée par une société-mère

fonds propres (m.) : somme constituée par le capital d'une entreprise, et ses bénéfices lorsqu'ils sont réinvestis

formalisme (m.) : respect des règles ou des lois

formalité (f.) : opération à effectuer pour respecter les règles ou les lois

fournisseur (m.) : société qui vend des produits

gain de temps (m.) : économie de temps

gérer : s'occuper de

hexagonal : français

hypothétique : douteux, incertain

immobiliser : bloquer

impliqué (est) : participe à

ingénierie financière (f.) : ensemble des études qui concernent les investissements

issu de (est) : provient de

limitrophe : voisin

location financière (f.) : variante du crédit-bail, où l'entreprise ne devient pas propriétaire du matériel en fin de contrat

machine à corder (f.) : machine qui permet de fixer et de tendre les cordes sur une raquette de tennis

machine-outil (à commande numérique) (f.) : machine sur laquelle on fixe des outils pour réaliser des objets (de façon plus ou moins automatique)

marchandise (f.) : produit qui fait l'objet d'un commerce

marché monétaire (m.) : ensemble des acteurs (prêteurs et emprunteurs) qui définissent le loyer de l'argent

marge bénéficiaire (f.) : différence entre le prix d'achat et le prix de vente

montant (m.) : somme

opérationnel (être) : pouvoir utiliser

opportun : bon, favorable

parité (f.) : niveau d'équivalence

PME (f.) : petite ou moyenne entreprise

PMI (f.) : petite ou moyenne industrie

prestataire de services (m.) : personne ou société qui fournit des services

prestation (f.) : service

prêt (m.) : somme d'argent prêtée

prêt aidé (m.) : prêt accordé à un taux inférieur au taux habituel, grâce à une aide de l'Etat

prêt bonifié (m.) : prêt accordé à un taux inférieur au taux habituel, grâce à une aide de l'Etat

prévisionnel : qui est prévu

Registre des métiers (m.) : liste établie par la Chambre des métiers, et dans laquelle tout artisan est inscrit

Lexique

rembourser : rendre l'argent à la personne auprès de qui on l'a emprunté

rentabilité (f.) : taux de profit

réseau (m.) : ensemble de sociétés qui sont en relation dans un but précis

S.A. (f.) : société anonyme (forme juridique de la plupart des moyennes et grandes sociétés)

sans faute : de façon certaine

S.A.R.L. (f.) : société anonyme à responsabilité limitée (forme juridique de la majorité des petites entreprises)

service juridique (m.) : service d'une société qui s'occupe de l'aspect légal (réglementations, lois) d'une opération

service sur mesure (m.) : service créé à la demande d'un client, pour répondre à un besoin particulier

soit : c'est-à-dire

sol (français) (m.) : territoire

solliciter : demander

sous trois jours : dans un délai de trois jours

succursale (f.) : société qui dépend d'une autre, mais qui possède une certaine autonomie

supérieur hiérarchique (m.) : chef

susceptible : capable, apte

taux (m.) : pourcentage

taux de sortie (m.) : taux effectif global

taux du franc au jour le jour (m.) : taux des prêts à très court terme (24 heures), établi chaque jour par la Banque de France à partir de données fournies par les acteurs du marché monétaire

technopole (f.) : zone d'activité économique créée pour attirer des entreprises de haute technologie

terrain (m.) : marché

transmettre leur entreprise : faire passer l'entreprise à des héritiers

verser les fonds : payer

voire : même

CIAL (2)

Banque pour l'industrie

Durée du film : 08'28

La France en peinture (sans intertitre) **début :** *12'22* **durée :** *00'45*

- décoder une publicité
- rédiger un texte publicitaire

Étude du dossier **début :** *13'07* **durée :** *04'58*

- présenter des arguments pour et contre
- rapporter des propos
- annoncer une nouvelle agréable, remercier

Service étranger **début :** *18'05* **durée :** *02'45*

- présenter des faits de façon structurée

LA FRANCE EN PEINTURE

SPOT PUBLICITAIRE **début :** 12'22 **durée :** 00'45

Repérages

1 *Regardez la séquence sans le son, puis cochez (✔) les informations que vous avez vues.*

a. campagne	❑	**e.** barrage	❑
b. pétrolier	❑	**f.** montagne	❑
c. grues	❑	**g.** Notre-Dame de Paris	❑
d. port	❑	**h.** Arc de Triomphe	❑

Compréhension

2 *Regardez la séquence avec le son, puis indiquez si les informations sont vraies ou fausses.*

Information	Vrai	Faux
a. Aucune région française ne ressemble à une autre.	❑	❑
b. Les banques CIC sont nées il y a un siècle.	❑	❑
c. L'importance du groupe CIC s'accroît.	❑	❑
d. Chaque banque du groupe est différente des autres.	❑	❑
e. La banque CIAL est présente partout en France.	❑	❑

Exploitation

3 *Remettez les phrases dans l'ordre afin de retrouver le texte de la séquence.*

3.1 Aujourd'hui, les banques CIC renforcent leur alliance et constituent un ensemble de dimension européenne.

3.2 Les banques CIC sont ancrées dans ces régions dont elles accompagnent l'essor jour après jour, depuis plus d'un siècle.

3.3 C'est l'union de nos différences qui fait la différence, et dans votre région, c'est la banque CIAL qui fait la différence.

3.4 CIC banques.

3.5 Les régions françaises, ce sont autant de cultures, de traditions et de partenaires différents.

Ordre : ....

4 *Retrouvez dans ce commentaire les mots et/ou les expressions qui traduisent les idées suivantes :*

4.1 particularisme : ....

4.2 qualité : ....

4.3 dynamisme : ....

Communication

5 *Imaginez un autre commentaire pour ce spot publicitaire.*

ÉTUDE DU DOSSIER

SIMULATION **début :** 13'07 **durée :** 04'58

Repérages

1 *Regardez la séquence avec le son, puis cochez (✔) parmi les informations, ce que vous avez vu et/ou entendu.*

Information	**Vu**	**Entendu**
a. brochure Morel Technic	❑	❑
b. machine à corder	❑	❑
c. CREDOC	❑	❑
d. location financière	❑	❑
e. chiffre d'affaires	❑	❑
f. synthèse financière	❑	❑
g. sous-traitance	❑	❑
h. 4%	❑	❑
i. problème du taux d'intérêt du prêt	❑	❑
j. Registre du commerce	❑	❑
k. 600 000 F	❑	❑
l. garantie personnelle	❑	❑
m. demande de renseignements supplémentaires	❑	❑
n. accord	❑	❑

Compréhension

2 *Regardez la séquence avec le son, puis choisissez les affirmations correctes.*

2.1 La personne que rencontre le banquier de Madame Morel est

a. le responsable du Service étranger.
b. le directeur du groupe.
c. le responsable du Service des prêts aux industriels.

2.2 Le banquier n'a pas proposé une location financière parce que

a. le taux d'intérêt aurait été moins intéressant pour la banque.
b. le taux d'imposition était suffisant.
c. cela ne présentait pas d'avantage pour sa cliente.

2.3 Le banquier de Madame Morel est

a. très favorable à sa demande.
b. légèrement favorable à sa demande.
c. peu favorable à sa demande.

2.4 Le taux d'intérêt qui sera proposé à Madame Morel sera voisin de

a. 9,80 %.
b. 10,00 %.
c. 10,20 %.

2.5 Le critère principal pour accorder le prêt est, pour Monsieur Jachez :

a. la situation de la société.
b. la fidélité de la société à la banque.
c. la perspective de gagner de l'argent.

Exploitation

3 *Notez dans le tableau suivant, en vous aidant éventuellement de la transcription, les points forts et les points faibles de la demande de Madame Morel, tels qu'ils sont évoqués par les deux banquiers.*

Points forts	Points faibles
• les fonds propres sont bons	• mais... l'investissement est très important
•	• ....
•	• ....
•	• ....

4 *Complétez les phrases avec les mots ou les expressions qui conviennent.*

a. le courant / la partie / le sens
Je me rendrai à Londres dans .... du mois de mai.

b. la bonne antériorité / les bonnes conséquences / les bons antécédents
Vu .... de cette personne, je pense que nous pouvons l'embaucher.

c. exact / juste / justifié
C'est vraiment .... au point de vue garantie. Il faut qu'ils trouvent quelqu'un qui puisse se porter garant pour eux.

d. une caution / un bail / une sécurité
Si vous souhaitez louer un téléphone mobile, il faut verser ....

e. subissons / soutenons / supportons
Mes collègues et moi-même, nous ne .... plus ce niveau de bruit ! Vous devez faire quelque chose pour améliorer les conditions de travail.

f. couvrent / recouvrent / découvrent
Vos recettes .... seulement 90 % de vos dépenses. Comment comptez-vous rétablir l'équilibre ?

g. L'emprunt / L'endettement / La valeur
.... a atteint un tel niveau que les créanciers ne peuvent plus espérer être remboursés en totalité.

h. nos économies / nos fonds propres / notre argent propre
Plutôt que d'utiliser ...., je propose qu'on emprunte pour acheter cette machine.

i. au comptant / réglable tout de suite / payable à vue
Le fournisseur a besoin d'être payé rapidement, il faut donc que ce soit un CREDOC....................................

5 *Complétez les phrases avec les mots ou expressions qui conviennent.*

une taxe professionnelle / un nantissement / une marge brute / un apport personnel / un bilan / une trésorerie.

a. Je vous demande .... du matériel comme garantie.

b. Nous financerons cet achat par .... et un prêt.

c. Cette année, nous avons réalisé.................................... de 20%, soit 3% de mieux que l'année dernière.

d. .... d'un taux excessif a souvent tendance à provoquer le départ des entreprises.

e. Nous avons besoin d' .... d'au moins 12 MF pour faire face à nos dépenses courantes.

f. .... qui montre une progression des bénéfices de 30% est une preuve de dynamisme.

Communication

6 *Imaginez une discussion à propos d'un projet d'investissement.*
Présentez des éléments en faveur du projet, ainsi que d'autres contre celui-ci.

7 *Imaginez le dialogue téléphonique entre Madame Morel et son banquier, Monsieur Pees-Martin.*

Monsieur Pees-Martin appelle Madame Morel au sujet de sa demande de crédit documentaire et de prêt.
Au cours de cette conversation, il :
- annonce la bonne nouvelle : acceptation de la demande de prêt et taux de 10,20 % ;
- demande à Madame Morel de contacter le Service étranger, qu'il vient d'informer de son côté ;
- la remercie de sa confiance.

Quant à Madame Morel, elle :
- se réjouit que sa demande a été acceptée ;
- demande ce qu'elle doit faire ;
- remercie Monsieur Pees-Martin.

Aidez-vous des expressions suivantes :
– j'ai le plaisir de, j'ai une bonne nouvelle (à vous annoncer),
– pourriez-vous, il faudrait que vous,
– je vous remercie de, merci de,
– que dois-je ...? que faut-il que je ...?

8 *Imaginez que vous êtes le banquier dans la négociation suivante :*

Banquier : J'ai une bonne nouvelle : votre demande de prêt est acceptée.

Client (e) : Merci, mais à quel taux ?

Banquier : 9 %

Client (e) : 9 %, c'est cher !

Banquier : Non, pas vraiment. Je vais vous expliquer : comme je vous l'avais déjà dit lors de notre premier entretien, nous achetons l'argent à 8,90 %.

Client (e) : Je comprends votre problème, mais j'ai contacté un autre établissement : la Banque Mutuelle, et ils sont prêts à me consentir un prêt à moins de 9 %.

Banquier : Tant mieux pour vous, mais est-ce que vous savez qu'ils ajoutent des frais d'assurance qui peuvent atteindre 0,2 % du montant du prêt ?

Client (e) : Non. Vous êtes certain de ce que vous avancez ?

Banquier : Tout à fait. J'ai reçu récemment un de vos amis, Monsieur Romel, qui les avait contactés, et qui est revenu vers nous. Vous pouvez l'interroger.

Client (e) : Eh bien, merci pour le renseignement. Je vais me renseigner, et puis je vais réfléchir.

Rapportez ce qui s'est dit à une personne qui n'a pas assisté à cette négociation.
Aidez-vous des expressions ci-dessous.
Je lui ai dit (ce) que... / Je l'ai informé(e) que... / Je lui ai annoncé que... /je lui ai demandé ce que... (si..., quand..., où..., combien..., pourquoi..., comment...) / Je lui ai fait remarquer (observer) que.../ Je lui ai répété que... / Je l'ai averti(e) que... / Je l'ai mis(e) en garde contre... / Je lui ai laissé entendre que... / Il (elle) m'a affirmé (répondu) que...

SERVICE ÉTRANGER

INTERVIEW **début :** 18'05 **durée :** 02'45

Repérages

1 *Regardez la séquence avec le son, puis cochez (✓) les expressions entendues.*

a. "marché à l'exportation"	❑	**f.** "aidexport"	❑
b. "exportation de fonds"	❑	**g.** "risque majoré"	❑
c. "change de devises"	❑	**h.** "crédit documentaire"	❑
d. "risque de paiement"	❑	**i.** "formation de l'entreprise"	❑
e. "missions de prospection"	❑	**j.** "groupe CIAL"	❑

Compréhension

2 *Regardez la séquence avec le son, puis indiquez si les informations sont vraies ou fausses.*

Information	**Vrai**	**Faux**
a. La banque offre deux types d'aide aux entreprises françaises.	❑	❑
b. Pour aider les entreprises à exporter, la banque offre principalement des crédits.	❑	❑
c. Le CIAL possède une filiale qui s'occupe des problèmes liés à l'exportation.	❑	❑
d. La banque propose des services simples et efficaces pour garantir à une entreprise qu'elle sera payée.	❑	❑
e. Le risque de non-paiement est le rique principal pour un exportateur.	❑	❑
f. Le réseau d'information du CIAL est très étendu.	❑	❑
g. La banque a des entreprises étrangères clientes en France.	❑	❑

Exploitation

3 *Repérez les mots et expressions employés par Monsieur Roth pour structurer sa présentation.*

1ère réponse : - deux natures différentes
- ....
- ....

2e réponse : - ....
- ....
- ....

3e réponse : - ....
- ....
- ....

4e réponse : - ....
- ....
- ....

4 *Complétez chaque phrase avec deux verbes qui conviennent.*

apporter / encourir / faire / fournir / régler / prémunir / prendre / protéger / réaliser / traiter.

a. Si vous rencontrez un problème, notre Service juridique est en mesure de vous .... / .... une aide précieuse.

b. Notre banque a l'habitude de .... / .... ce genre de problème.

c. Avant toute chose, il faut faire .... / .... une étude de marché afin de voir si un tel produit se vendrait.

d. La sécurité avant tout : nous ne pouvons pas .... / .... de risques en ce qui concerne la santé du personnel.

e. Nous avons pris la décision de nous .... / .... contre les risques de hausse du dollar.

5 *Retrouvez les définitions correctes.*

1. Rapatrier des fonds, c'est
2. Rechercher des débouchés, c'est
3. Etablir un diagnostic, c'est
4. Changer des devises, c'est
5. Se porter garant, c'est

a. par exemple, acheter des francs français avec des marks.
b. faire le bilan d'une situation.
c. accepter d'être responsable vis-à-vis d'une personne ou d'une entreprise.
d. essayer de trouver des marchés pour un produit.
e. faire revenir de l'argent dans le pays d'origine d'une entreprise.

Communication

6 *Imaginez que vous devez faire une présentation structurée :*
à propos d'une société,
d'une gamme de produits,
d'un projet ou de tout autre sujet de votre choix.

Utilisez pour cela certains des mots et expressions ci-dessous.

(tout) d'abord / en ce qui concerne / ensuite / après (cela) / puis / enfin / finalement / d'une part … d'autre part / d'un côté … de l'autre / en amont … en aval / par ailleurs / quant à / aussi / également / et / parallèlement / alors que / tandis que / au contraire / par contre.

Transcription

La France en peinture (sans intertitre) *début : 12'22 - durée : 04'45*

Les régions françaises, ce sont autant de cultures, de traditions et de patrimoines différents. Les banques CIC sont ancrées dans ces régions dont elles accompagnent l'essor jour après jour, depuis plus d'un siècle. Aujourd'hui, les banques CIC renforcent leur alliance et constituent un ensemble de dimension européenne. CIC banques. C'est l'union de nos différences qui fait la différence, et dans votre région, c'est la banque CIAL qui fait la différence.

Etude du dossier *début : 13'07 - durée : 04'58*

T.P.-M. : Thierry Pees-Martin, P.J. : Pierre Jachez

T. P.-M. je souhaitais vous rencontrer / au sujet de / du dossier de / la société Morel Technic /
P.J. hum hum /`
T. P.-M. je vous donne le / le document que m'a remis / madame Morel /
P.J. nouveau document / alors quoi de neuf ? /
T. P.-M. eh bien ils ont un projet important /
P.J. oui /
T. P.-M. ils ont un projet important / ils veulent in-/ investir et / acquérir une / une machine / à commande numérique / venant de Taïwan /
P.J. hum hum /
T. P.-M. elle fait trois millions de francs /
P.J. c'est une somme /
T. P.-M. et / souhaitent / l'acheter pour le courant du mois d'avril /
P.J. oui /
T. P.-M. alors ils nous demandent / un crédit documentaire / pour /
P.J. oui /
T. P.-M. pour garantir le paiement au niveau du / du fournisseur /
P.J. donc un CREDOC déjà /
T. P.-M. un CREDOC /
P.J. payable à vue ? /
T. P.-M. payable à vue /
P.J. hum hum /
T. P.-M. puis / un prêt / pour couvrir l'investissement /
P.J. d'accord / vous avez choisi un prêt ? /
T. P.-M. un prêt classique / oui /
P.J. un prêt classique / vous avez évité la location financière ?
T. P.-M. oui parce que en fait / l'usine / est installée dans un dans une petite ville /
P.J. hum hum /
T. P.-M. qui a / un taux d'imposition /
P.J. oui c'est ça oui c'est ça effectivement /

Transcription

T. P.-M. très faible et donc euh /

P.J. donc ça s'impose moins /

T. P.-M. ça s'impose beaucoup moins qu'un / qu'une location financière pour économiser / sur la taxe professionnelle /

P.J. OK / financièrement ça passe ? /

T. P.-M. alors / au niveau des points forts /

P.J. oui /

T. P.-M. euh / vous connaissez la qualité du bilan / de la / société /

P.J. oui oui /

T. P.-M. je vous remets la synthèse financière /

P.J. merci /

T. P.-M. les fonds propres sont bons /

P.J. hum hum /

T. P.-M. mais euh / il est vrai que le / l'investissement est très important /

P.J. hum hum /

T. P.-M. et que / par rapport au montant / des des comptes courants et des fonds propres / cela devient euh / juste /

P.J. d'accord /

T. P.-M. à ce niveau-là /

P.J. d'accord / mais alors à ce moment-là la rentabilité doit suivre derrière / j'imagine ? /

T. P.-M. tout à fait /

P.J. oui /

T. P.-M. tout à fait / il y a une excellente rentabilité qui est / qui est prévue /

P.J. oui /

T. P.-M. car / grâce à cette nouvelle machine / la société Morel Technic pourra économiser jusqu'à 2 000 000 de francs de sous-traitance / par an

P.J. ah oui effectivement /

T. P.-M. sur cinq ans /

P.J. effectivement /

T. P.-M. donc c'est un / investissement très très rentable /

P.J. oui / mais la marge brute était déjà importante hein à 40 % ce qui veut dire que /

T. P.-M. tout à fait /

P.J. elle sera encore meilleure /

T. P.-M. tout à fait tout à f- /

P.J. ça peut justifier effectivement euh euh l'importance de l'endettement par rapport / euh aux fonds propres effectivement /

T. P.-M. alors ils souhaitent / avoir un apport personnel d'environ 500 000 francs / soit près de 20 % / ce qui est très bon au niveau du /

P.J. oui /

T. P.-M. de cette quotité-là / euh bon / au niveau de la trésorerie / la société devra le supporter / au départ /

P.J. hum hum /

T. P.-M. mais la société a une très bonne trésorerie actuellement / ils sont placeurs et ils pourront très bien supporter /

Transcription

P.J. je vois /

T. P.-M. très bien supporter cela /

P.J. OK / euh dites-moi / au niveau du taux / comment comment l'affaire se présente actuellement ? /

T. P.-M. alors j'avais proposé un taux de 10,80 % / madame Morel a eu des propositions à / un peu plus de 9 / alors je lui ai quand même expliqué notre système de de financement et que /

P.J. bien sûr /

T. P.-M. l'argent au jour le jour coûtant plus de 9,80 % /

P.J. oh / aux alentours de 10 aujourd'hui hein /

T. P.-M. aux alentours de 10 aujourd'hui vous voyez euh j'ai dit que ce n'était pas possible de faire /

P.J. hum hum /

T. P.-M. de de faire moins / mais la société est inscrite au Registre des métiers /

P.J. ah d'accord /

T. P.-M. alors j'ai pensé qu'on pourrait lui faire bénéficier des prêts aidés aux aux artisans /

P.J. absolument / absolument /

T. P.-M. et des prêts conventionnés donc pour une partie au moins pour 600 000 francs / elle aurait droit à ces prêts bonifiés /

P.J. donc vous allez sortir à un taux qui sera inférieur aux 10,80 euh ? /

T. P.-M. inférieur aux 10,80 mais quand même proche des 10,20 /

P.J. d'accord / 10,20 est un taux agréable /

P.J. au niveau des garanties / qu'est-ce que vous avez prévu ? /

T. P.-M. au niveau des garanties nous avons prévu un nantissement euh de la machine /

P.J. oui / oui /

T. P.-M. euh / bon c'est une machine qui est apparemment facilement / revendable /

P.J. d'accord / pas de caution personnelle ? /

T. P.-M. je ne l'ai pas souhaité parce que en fait / vu la qualité de ces clients / euh leurs / antécédents chez nous /

P.J. hum hum /

T. P.-M. leur fidélité /

P.J. hum hum /

T. P.-M. j'ai pensé qu'il serait bon de leur pas- de ne pas leur demander / leur caution personnelle / pour cet investissement /

P.J. hum hum / vous y croyez ? /

T. P.-M. oh oui j'y crois /

P.J. bien / et vous devenez- vous devez donner une réponse quand ? /

T. P.-M. ben j'avais promis une / réponse sous trois jours / nous sommes euh / dans les temps /

P.J. bien / ben écoutez euh / financièrement c'est une c'est une belle affaire / incontestablement / hein ? /

T. P.-M. tout à fait /

P.J. hum hum l'investissement est un peu lourd / mais je crois que la rentabilité / est bonne / euh bon euh il y a un aspect aussi garantie un peu limite / mais enfin l'élément quand même déterminant c'est euh la connaissance que nous avons de ces clients ce sont des gens qui / qui sont clients depuis chez chez nous depuis longtemps /

T.P.-M. c'est vrai /

Transcription

P.J. euh je crois que je crois qu'on peut leur faire confiance / et en tout cas par le passé notre confiance a été / bien placée / donc Thierry ben c'est d'accord hein / euh confirmez à madame Morel notre accord et puis produisez-moi un dossier dans dans les meilleurs délais /

Service étranger

début : 18'05 - durée : 02'45

C.L. : Claude Le Ninan, D.R. : Daniel Roth

C.L. monsieur Roth / quel type d'aide votre banque peut-elle apporter à des entreprises françaises ? /

D.R. les aides que nous apportons aux entreprises françaises sont de deux natures différentes / tout d'abord / nous aidons les entreprises / à se créer un marché à l'exportation / par une série de services que nous pouvons qualifier de promotion du commerce extérieur / et / lorsque ces entreprises / sont devenues exportatrices / nous les aidons à traiter leurs opérations courantes / rapatriement de fonds / euh change de devises / mais également nous les aidons à se prémunir / de risques / particuliers / ou renforcés / que sont / le risque de change / et / le risque de non paiement /

C.L. comment aidez-vous les entreprises qui sont désireuses d'exporter ? /

D.R. grâce à nos implantations à l'étranger et à notre réseau de correspondants bancaires / nous disposons dans pratiquement tous les pays / de sources d'informations / utiles aux entreprises / ce réseau nous aide à diffuser / des recherches de débouchés / formulées par les entreprises / et il nous aide également à organiser des missions de prospection à l'étranger / d'autre part / pour les entreprises / désireuses d'améliorer leurs performances à l'exportation / notre filiale spécialisée Aidexport / les aide par l'établissement de diagnostics exports / d'études de marché approfondies / et / également par l'animation d'un réseau de vente à l'étranger /

C.L. quels sont les risques majeurs encourus par une entreprise qui exporte ? /

D.R. le risque majeur est bien évidemment le risque de non paiement / ce risque de non paiement est / singulièrement renforcé par / la présence / de situations économiques / et par des législations / différentes / euh parmi les techniques / qui permettent aux entreprises de se prémunir de ce risque / le crédit documentaire est sans conteste la technique la plus efficace / mais également la plus délicate à mettre en oeuvre / nous aidons ces entreprises en / contribuant à la formation du personnel / par des aides directes / par / du conseil / de l'assistance / et également comme garant lorsque nous sommes / euh confirmatrices du crédit documentaire /

C.L. et pour les entreprises étrangères qui souhaitent travailler avec la France / apportez-vous des services équivalents ? /

D.R. évidemment grâce au réseau d'agences du CIAL et du groupe CIC / nous aidons les entreprises étrangères à trouver des partenaires en France / nous les aidons également / à s'implanter et à investir en France / et / nous leur apportons un service bancaire complet puisque ces entreprises deviennent clientes /

Lexique

m. : masculin, f. : féminin

ancré : bien établi

antécédent (m.) : attitude passée

apport personnel (m.) : somme qu'une société ou un individu apporte pour financer un achat, le reste de l'argent nécessaire étant constitué par un prêt

artisan (m.) : personne qui exerce une activité manuelle à son propre compte (un petit industriel peut également être considéré comme un artisan, c'est le cas ici)

bilan (m.) : situation comptable d'une société à la fin d'un exercice (un an)

caution personnelle (f.) : garantie donnée par l'industriel sur ses biens propres (et non ceux de l'entreprise)

change de devises (m.) : change de monnaies étrangères

CIAL (m.) : Crédit Industriel d'Alsace et de Lorraine

CIC (m.) : Crédit Industriel et Commercial

comptes courants (m.) : argent dont peut disposer une entreprise, mais qui doivent servir à payer quelque chose (par exemple les salaires ou les dividendes dus à des actionnaires)

correspondant (m.) : partenaire

courant (le) : au cours de , pendant

couvrir (l'investissement) : financer

créancier (m.) : personne ou société à qui l'on doit de l'argent

CREDOC (m.) : crédit documentaire

débouché (m.) : possibilité de vente

encourir un risque : prendre un risque

endettement (m.) : montant de l'argent dû à des créanciers

essor (m.) : développement

établissement de diagnostics (m.) : rédaction de documents de synthèse à propos d'une situation donnée

être en mesure de : pouvoir

étude de marché (f.) : travail de recherche à propos des débouchés d'un produit

facteur (décisif) (m.) : élément (le plus important)

faire la différence : constituer un avantage décisif

fonds propres (m.) : somme constituée par le capital d'une entreprise, et ses bénéfices lorsqu'ils sont réinvestis

garant (m.) : personne physique ou morale qui donne sa garantie pour une autre, et qui paiera si celle-ci ne peut le faire

implantation (f.) : installation

implanter (s') : installer (s')

investir : placer des capitaux

investissement (m.) : dépense visant à améliorer la capacité de production et de vente

l'argent au jour le jour (taux de) : taux des prêts à très court terme, établi chaque jour par le marché monétaire, et la Banque de France dans certains cas

législation (f.) : ensemble des lois

limite : un peu trop juste

location financière (f.) : variante du crédit-bail où l'entreprise ne devient pas propriétaire du matériel en fin de contrat

marge brute (f.) : profit dont on n'a pas retiré certains frais

meilleurs délais (m.) : le plus rapidement possible

mission de prospection (f.) : voyage dont le but est de trouver de nouveaux marchés

nantissement (m.) : forme de garantie qui repose sur le matériel

passe (ça) : va (ça)

patrimoine (m.) : ensemble des biens, des propriétés

payable à vue : payable immédiatement

placeur (m.) : état d'un individu ou d'une société qui a de l'argent placé dans un établissement financier

prémunir (se) : protéger (se)

prêt aidé (m.) : prêt accordé à un taux inférieur au taux habituel, grâce à une aide de l'Etat

prêt bonifié (m.) : prêt aidé

prêt conventionné (m.) : prêt aidé

produire (un dossier) : fournir

quotité (f.) : proportion

rapatriement de fonds (m.) : fait de faire revenir dans le pays d'origine d'une société de l'argent en provenance de l'étranger

recettes (f.) : gains, ce que l'on gagne

Registre des métiers (m.) : liste établie par la Chambre des métiers, et dans laquelle tout artisan est inscrit

rentabilité (f.) : taux de profit

risque de change (m.) : risque lié à l'utilisation de monnaies différentes dans une transaction commerciale

risque de non-paiement (m.) : risque pour une société de ne pas être payée après livraison de produits ou prestation de services

service juridique (m.) : service d'une société qui s'occupe de l'aspect légal (réglementations, lois) d'une opération

sous trois jours : dans un délai de trois jours

sous-traitance (f.) : exécution d'un travail par une entreprise, d'après un cahier des charges, pour le compte d'une autre entreprise

supporter : endurer, résister

synthèse financière (f.) : document établi par la banque à propos d'une entreprise cliente, et qui présente sous forme succincte tous les éléments qui permettent d'évaluer la situation de celle-ci

taux (m.) : pourcentage

taux d'imposition (m.) : niveau des impôts, des taxes

taxe professionnelle (f.) : taxe versée par une entreprise à la commune sur le territoire de laquelle elle est implantée, en fonction des investissements et des salaires

traiter : s'occuper de

trésorerie (f.) : argent dont une société dispose à court terme

verser : payer

TNT EXPRESS WORLDWIDE

TRANSPORTEUR INTERNATIONAL

Durée du film : 16'03

Séquence initiale de présentation (sans intertitre) ***début :*** *20'59* ***durée :*** *02'34*

- mettre en valeur des points forts

Appel d'un client ***début :*** *23'33* ***durée :*** *03'33*

- insister

Recherche de la solution (1ère partie) ***début :*** *27'06* ***durée :*** *02'07*

- faire des hypothèses
- prendre des notes

Recherche de la solution (2e partie) ***début :*** *29'13* ***durée :*** *01'49*

- trouver une solution de compromis
- rédiger un fax de réponse

Réponse de TNT ***début :*** *31'02* ***durée :*** *04'12*

- exprimer des craintes
- rassurer

Service opérationnel ***début :*** *35'14* ***durée :*** *01'48*

- donner la chronologie d'événements

SÉQUENCE INITIALE DE PRÉSENTATION

INTERVIEW **début :** 20'59 **durée :** 02'34

Compréhension

1 *Regardez la séquence avec le son, puis choisissez les affirmations correctes.*

1.1 Le nom du groupe TNT
- **a.** est celui de son fondateur.
- **b.** reprend partiellement celui de son fondateur.
- **c.** n'a pas de rapport avec celui de son fondateur.

1.2 La société a été fondée en
- **a.** 1936.
- **b.** 1946.
- **c.** 1956.

1.3 TNT utilise
- **a.** uniquement ses camions et ses avions.
- **b.** parfois des camions et avions d'entreprises partenaires.
- **c.** des camions et avions loués.

1.4 Le nombre total d'avions que TNT possède s'élève à
- **a.** 340.
- **b.** 354.
- **c.** 368.

1.5 En Europe, TNT dispose de
- **a.** 14 avions.
- **b.** 4 avions.
- **c.** 40 avions.

1.6 Pour les transports routiers, TNT offre
- **a.** deux types de produits.
- **b.** trois types de produits.
- **c.** quatre types de produits.

1.7 La majorité des exportateurs recherche une garantie de
- **a.** prix.
- **b.** rapidité.
- **c.** délai.

Exploitation

2 *La colonne de gauche reprend des expressions utilisées par Valérie Richardot. Retrouvez leurs équivalents dans la colonne de droite.*

1. "respect des délais ... sécurité globale"	**a.** Nous ne sommes pas comme nos concurrents.
2. "nous offrons une gamme très complète de produits"	**b.** Nous contrôlons les opérations de A à Z.
3. "regagner les grandes distances dans des temps records"	**c.** Nous sommes fiables.
4. "aucune sous-traitance... gestion propre de tous les moyens de transport"	**d.** Nos services sont très rapides.
5. "nous offrons des services spécifiques"	**e.** Nous couvrons l'ensemble des besoins.

3 *Complétez les phrases avec les mots qui conviennent.*
Utilisez si possible ceux que Valérie Richardot a employés.

a. Un de nos .... vient d'appeler. Il nous accuse de casser les prix.

b. Il s'agit d'un service .... à notre société. Vous ne le trouverez nulle part ailleurs.

c. Tous les services concernés doivent respecter les .... fixés si nous voulons être capables de lancer ce modèle à la rentrée.

d. Je vois avec plaisir que nos ventes ont atteint un niveau .... Merci à tous pour les efforts que vous avez déployés.

e. Ne soyez pas inquiète, je vous .... que tout sera prêt à temps.

Communication

4 *Rédigez un texte présentant de façon convaincante les points forts de la société.*

TNT Express Worldwide, c'est ....

....

....

....

APPEL D'UN CLIENT

SIMULATION **début :** 23'33 **durée :** 03'33

Repérages

1 *Regardez la séquence avec le son, puis cochez (✔) les informations entendues.*

Information	Entendu	Information	Entendu
a. "Mademoiselle Jeanneret"	❑	**f.** "Lisbonne"	❑
b. "Eurotechnologies"	❑	**g.** "1998"	❑
c. "Portugal"	❑	**h.** "5 palettes"	❑
d. "service routier"	❑	**i.** "4"	❑
e. "igloo"	❑	**j.** "vingt-quatre heures"	❑

Compréhension

2 *Regardez la séquence avec le son, puis choisissez les affirmations correctes.*

2.1 La société du client de TNT est implantée à
- **a.** Divonne.
- **b.** Dijon.
- **c.** Lisbonne.

2.2 Le service aérien présente des
- **a.** avantages.
- **b.** inconvénients.
- **c.** avantages et des inconvénients.

2.3 Les dernières dimensions données par le client, et répétées par l'employée sont
- **a.** 1,20 m x 1,00 m x 1,70 m.
- **b.** 1,20 m x 0,80 m x 1,70 m.
- **c.** 1,20 m x 1,00 m x 1,60 m.

2.4 Le poids et la valeur de la marchandise sont
- **a.** 806 kg, 260 000 F.
- **b.** 810 kg, 260 000 F.
- **c.** 806 kg, 250 000 F.

2.5 L'employée
- **a.** offre une remise.
- **b.** refuse de faire une remise.
- **c.** va voir si elle peut faire une remise.

Exploitation

3 *Repérez et notez, en vous aidant de la transcription, les expressions qui montrent que le client a des problèmes.*
Soulignez les connecteurs utilisés par le client.
j'ai un problème assez épineux...

4 *Complétez les phrases suivantes avec les mots et expressions donnés.*
de plus / pourtant / quand même / mais / malgré / même si.

a. J'ai appelé plusieurs fois, ... ça ne répondait pas.
b. Il sera très difficile de les livrer à temps, ... nous affrétons un avion.
c. La marchandise n'est pas encore emballée, ... les documents sont incomplets.
d. Le client trouve ça encore trop cher, ... la remise que je lui ai faite.
e. Je ne comprends pas ce qui a bien pu se passer. J'avais .... tout prévu jusque dans les moindres détails.
f. La responsable du Service export lui avait donné par écrit les démarches à effectuer. Eh bien, il a .... réussi à se tromper !

5 *Retrouvez les mots et expressions utilisés dans la séquence qui ont la même signification que ceux qui suivent.*

a. Longueur + largeur + hauteur : ...dimensions...
b. conteneur pour avion : ....
c. numéro de la ville pour la poste : ....
d. plateau pour les marchandises : ....
e. dépasser : ....
f. déterminer un prix : ....
g. tenir compte de l'assurance : ....
h. le prix de la marchandise : ....
i. essayer de trouver le prix : ....
j. accorder une remise : ....

Communication

6 *Regardez à nouveau la séquence et imaginez que vous êtes à la place de l'employée de TNT. Prenez des notes pour pouvoir traiter le problème.*

7 *Imaginez le dialogue entre un client et un fournisseur.*
Le fournisseur annonce au client qu'il ne pourra pas livrer la marchandise dans les délais convenus.
Le client insiste pour être livré à temps car il a déjà pris des engagements.
Utilisez certaines des expressions suivantes :
il faut que, il est nécessaire / indispensable / impératif… que / je vous demande (instamment) de / j'insiste pour que / j'exige que / je vous ordonne de.

RECHERCHE DE LA SOLUTION (1ère partie)

SIMULATION **début :** 27'06 **durée :** 02'07

Repérages

1 *Regardez la séquence avec le son, puis cochez (✔) les informations entendues.*

Information	Entendu	Information	Entendu
a. "Christiane"	❑	**f.** "17 heures"	❑
b. "code postal"	❑	**g.** "option prioritaire"	❑
c. "18 heures"	❑	**h.** "vers minuit"	❑
d. "Bologne"	❑	**i.** "entre 11 heures et 13 heures"	❑
e. "aérogare"	❑	**j.** "douze heures qui viennent"	❑

Compréhension

2 *Regardez la séquence avec le son, puis indiquez si les affirmations sont vraies ou fausses.*

Information	Vrai	Faux
a. La marchandise ira directement de Besançon à Lisbonne.	❑	❑
b. Les 2 employées vérifient si TNT peut livrer la marchandise en 24 heures.	❑	❑
c. A Lisbonne, TNT peut accélérer les opérations.	❑	❑
d. Le client doit se décider rapidement.	❑	❑
e. A la fin de la séquence, une décision définitive d'envoi est prise.	❑	❑

Exploitation

3 *Complétez le texte avec les mots et expressions qui conviennent.*

dédouaner / enlever la marchandise / faire les démarches / faire une expédition / livrer / transiter.

Le client de Lyon vient de confirmer qu'il voulait .... aujourd'hui sur Vienne.

Je lui ai dit que nous passerions .... avant 16 heures. Il m'a donné tous les renseignements nécessaires pour que nous puissions .... dès maintenant, de façon à ne pas perdre de temps. Sa marchandise devra .... par Cologne avant de partir pour Vienne. Là, il faudra la faire .... en priorité pour qu'un véhicule express puisse la .... demain avant 14 heures.

4 *Repérez et notez, en vous aidant de la transcription, les constructions qui traduisent des relations hypothétiques et causales.*

si la marchandise part ... elle transite
comme c'est une zone ... il faut compter

....

....

....

....

....

Communication

5 *Regardez à nouveau la séquence et imaginez que vous êtes à la place de Catherine Jeanneret.*

Notez les éléments donnés par Christine Parrot, de façon à pouvoir proposer une solution à Monsieur Cuenot de Eurotech.

6 *Imaginez la discussion entre deux ou trois personnes de la même société, qui étudient les différentes possibilités de livrer des marchandises (fret aérien, transport routier). Elles formulent des hypothèses quant aux avantages, inconvénients, conséquences de chaque solution.*

Utilisez les expressions suivantes :

si / imaginons que / admettons que/ supposons que / faisons l'hypothèse que / dans l'hypothèse où / au cas où / dans la mesure où.

RECHERCHE DE LA SOLUTION (2e partie)

SIMULATION **début :** 29'13 **durée :** 01'49

Repérages

1 *Regardez la séquence sans le son, puis choisissez les affirmations correctes.*

1.1 L'homme assis au bureau est
- **a.** un collègue de Catherine Jeanneret.
- **b.** le directeur de l'agence.
- **c.** un responsable de la société Eurotech de Dijon.

1.2 L'homme apparaît
- **a.** gêné par ce qu'il apprend.
- **b.** content de ce qu'il apprend.
- **c.** indifférent à ce qu'il apprend.

1.3 La discussion porte sur l'aspect
- **a.** technique de l'expédition.
- **b.** financier de l'expédition.
- **c.** légal de l'expédition.

Compréhension

2 *Regardez la séquence, avec le son, puis indiquez si les informations suivantes sont vraies ou fausses.*

Information	Vrai	Faux
a. La société Eurotech travaille dans le domaine de la robotique.	❑	❑
b. Catherine Jeanneret demande à Christian Schmitt s'il peut accorder une remise à Eurotech.	❑	❑
c. La société Eurotech vient de commencer à travailler avec TNT.	❑	❑
d. Christian Schmitt a le droit de baisser les prix sur le Portugal.	❑	❑
e. Christian Schmitt propose un service amélioré.	❑	❑

Exploitation

3 *Reconstituez un dialogue cohérent à partir des répliques prononcées en alternance par un employé et son supérieur hiérarchique.*

a. Donc, on ne peut rien faire.
b. Eh bien, ils fabriquent des cartes électroniques.
c. Voilà, ils trouvent notre tarif sur l'Espagne un peu trop élevé.
d. Qu'est-ce que c'est comme société ?
e. Hum, écoutez, je vais voir si je peux quand même trouver une solution.
f. Vous savez bien que nous avons des coûts importants sur cette destination !
g. Qu'est-ce qu'ils veulent ?
h. Monsieur Martin, la Sodelec, vient de nous appeler.

4 *Retrouvez les mots et expressions utilisés dans la séquence qui ont la même signification que ceux qui suivent.*

a. Le poids qui sert à calculer le coût du transport. ... le poids taxable ...
b. La brochure qui indique les prix. ....
c. Un manque de pièces pour la fabrication. ....
d. Les frais pour assurer le service. ....
e. Les ordres donnés. ....
f. Avoir un problème. ....

Communication

5 *Imaginez que vous êtes à la place de Catherine Jeanneret. Regardez à nouveau la séquence et notez les éléments de la solution proposée par Monsieur Christian Schmitt, de façon à pouvoir faire une proposition à Monsieur Cuenot de Eurotech.*

6 *Imaginez que vous êtes à la place de Catherine Jeanneret. Comme vous n'arrivez pas à joindre Monsieur Cuenot de Eurotech par téléphone, vous lui envoyez votre proposition par fax.*

Utilisez pour cela les notes que vous avez prises précédemment.

RÉPONSE

SIMULATION **début :** 31'02 **durée :** 04'12

Repérages

1 *Regardez la séquence avec le son, puis cochez (✔) les informations entendues.*

Information	Entendu	Information	Entendu
a. "cotation"	❑	**g.** "garantie de livraison"	❑
b. "610"	❑	**h.** "système aéroporté"	❑
c. "collègue"	❑	**i.** "formalités douanières"	❑
d. "prix d'assurance"	❑	**j.** "suivi par informatique"	❑
e. "270 francs"	❑	**k.** "colis à empaqueter"	❑
f. "client du Portugal"	❑	**l.** "enregistrer les coordonnées"	❑

Compréhension

2 *Regardez la séquence avec le son, puis choisissez les affirmations correctes.*

2.1 Dans cette séquence, Catherine Jeanneret cherche à convaincre le client que

a. le prix demandé n'est pas élevé.
b. le service offert est le meilleur.
c. tout se passera bien.

2.2 Le prix annoncé par Catherine Jeanneret est de

a. 43 501 francs.
b. 43 515 francs.
c. 43 520 francs.

2.3 Le prix annoncé par Catherine Jeanneret est

a. inférieur à celui calculé par Monsieur Cuenot.
b. le même que celui calculé par Monsieur Cuenot.
c. supérieur à celui calculé par Monsieur Cuenot.

2.4 Le poids pris en compte pour établir la cotation est

a. 1703 kg.
b. 1713 kg.
c. 1773 kg.

2.5 L'assurance pour le transport des marchandises est

a. optionnelle.
b. obligatoire.
c. incluse dans le prix du transport.

2.6 La marchandise à expédier

a. est déjà prête.
b. est presque prête.
c. n'est pas du tout prête.

Exploitation

3 *Complétez les phrases (deux choix sont possibles).*

a. une avance / un prix / un montant
Nous pouvons effectuer les travaux pour .... de 15 500 francs.

b. un écart / un trou / une différence
J'ai reçu deux devis, et je constate qu'il existe .... de prix de l'ordre de 20%.

c. arrive à / obtient / établit à
Si l'on déduit de cela les frais d'expédition, on .... 240 000 francs.

d. comprend / englobe / inclut
Est-ce que ce prix .... la TVA ?

e. inclure / ajuster / ajouter
Pour obtenir le prix auquel le produit sera vendu, il faut .... la TVA.

f. serons en mesure / pourrons / aurons la capacité
J'ai une bonne nouvelle à vous annoncer : nous .... de vous livrer dès lundi prochain.

g. rattrapé / reçu / réceptionné.
Je vais interroger la personne qui a .... votre envoi.

h. pourrais-je avoir / pourriez-vous me passer / pourriez-vous me transmettre
Bonjour, ... le Service réservation s'il vous plaît ?

i. procédures / formulaires / formalités
Pour ne pas avoir de problème, il est indispensable de respecter les .... du Service des Douanes.

4 *Repérez et notez, du début de la séquence jusqu'au repère 33'37 (horloge) et en vous aidant de la transcription, les expressions utilisées par Daniel Cuenot et Catherine Jeanneret, qui marquent respectivement : la crainte, la volonté de rassurer.*

Crainte	Volonté de rassurer
écoutez, je suis un petit peu embêté	*on peut bien effectivement*
....	....
....	....
....	....

Communication

5 *Imaginez le dialogue entre un client et son fournisseur. Le premier exprime ses craintes à propos de la solution qui lui est proposée, alors que le second cherche à le rassurer.*

La discussion peut porter sur un problème de livraison, de performances ou de fiabilité de matériel, etc. Utilisez les expressions ci-dessous, ainsi que celles que vous avez notées lors de l'activité précédente.

Exprimer des craintes	Rassurer
j'ai (bien, très) peur de/que	rassurez-vous
je crains de	ne vous inquiétez pas
je crains que	soyez sans inquiétude
je redoute de	soyez sans crainte
je redoute que	ne craignez rien
je doute de	n'ayez pas peur
je doute que	je vous assure que
j'ai des doutes à propos de	je vous promets que
j'ai des doutes quant à	faites-nous confiance
je m'inquiète à propos de	vous pouvez nous faire confiance
je suis inquiet au sujet de	vous pouvez avoir confiance

SERVICE OPÉRATIONNEL

INTERVIEW **début :** 35'14 **durée :** 01'48

Repérages

1 *Regardez la séquence sans le son, puis cochez (✔) parmi les informations, ce que vous avez vu.*

Information	Vu	Information	Vu
a. fonction de la personne interrogée	❑	**f.** arrivée d'un camion TNT dans un aéroport	❑
b. chargement de marchandises	❑	**g.** atterrissage d'un avion	❑
c. arrivée de camion à un dépôt TNT	❑	**h.** décollage d'un avion	❑
d. saisie informatique	❑	**i.** réseau aérien de TNT dans le monde	❑
e. camion TNT sur une autoroute	❑	**j.** réseau aérien de TNT en Europe	❑

Compréhension

2 *Regardez la séquence avec le son, puis complétez le schéma avec les éléments ci-dessous (camion et avion inclus).*

aéroport / chargement pour destination finale / étiquetage des marchandises / collecte des marchandises / plateforme routière / plaque tournante européenne / dépôt central / saisie informatique / station TNT / tri des marchandises / ✈ / 🚚.

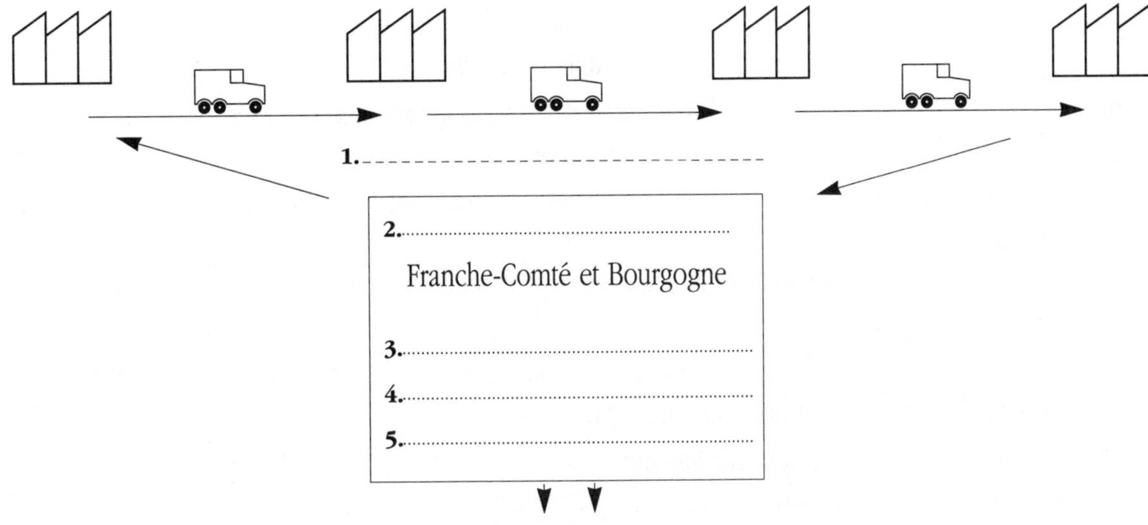

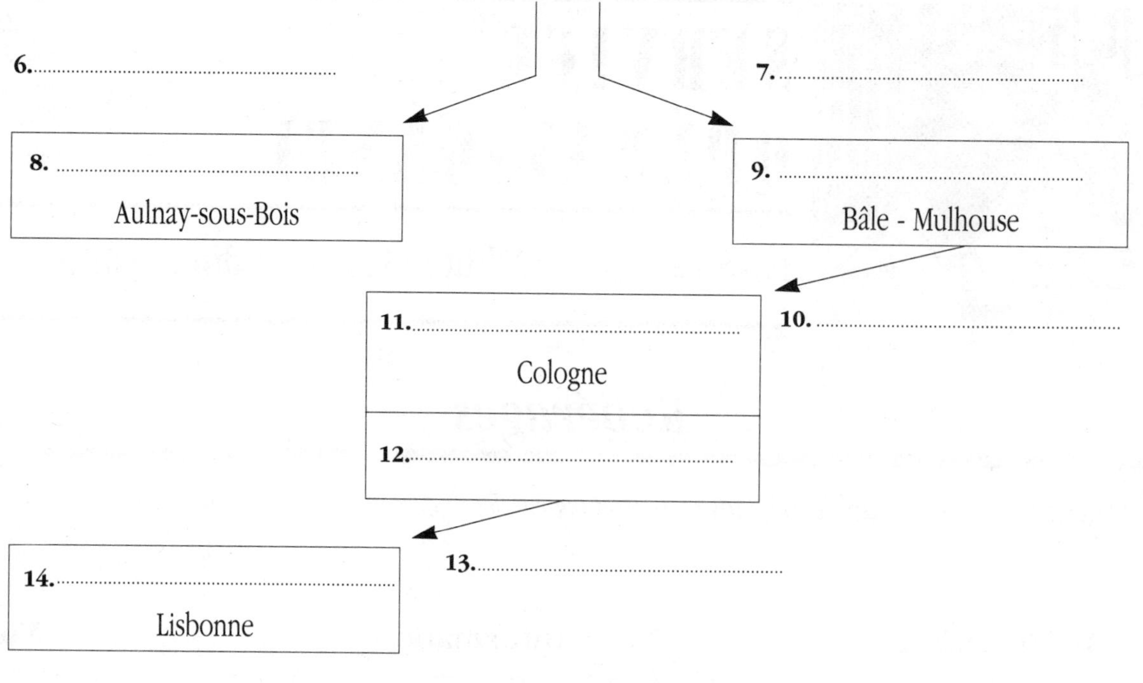

Exploitation

3 *En vous aidant de la transcription, repérez les mots et expressions qui indiquent la chronologie des opérations (datation et successivité).*

Datation	Successivité
en fin d'après-midi toute la journée	lorsque, ensuite ....

4 *Complétez les phrases avec les expressions de temps qui conviennent (plusieurs réponses sont parfois possibles).*

a. – .... souhaitez-vous que je vous remette le rapport ?
– .... vous l'aurez terminé, c'est urgent.

b. – Je vais .... vous présenter la seconde solution envisageable
– Un instant ! .... cela, j'ai quelques questions à vous poser.

c. – Pourriez-vous nous régler rapidement, étant donné que le matériel est installé depuis déjà un certain temps ?
– Je suis désolé, mais je mettrai votre facture en règlement seulement .... le matériel fonctionnera parfaitement.

d. – .... vous cherchez cette information, moi je vais en profiter pour interroger les gens du marketing, ça nous fera gagner du temps.

e. – Nous allons lancer notre nouvelle gamme .... en Europe et en Amérique du Nord afin d'avoir le maximum d'impact.

Communication

5 *Imaginez que vous avez participé à la journée dont le programme vous est donné ci-dessous. Racontez ce que vous avez fait.*

11 h 00 arrivée à la société BACI
11 h 15 rencontre avec la Direction et des représentants du personnel
11 h 30 visite des locaux et photos
12 h 00 buffet et présentation d'un film
13 h 15 réunion de travail

Aidez-vous des termes suivants :

Succession	Simultanéité	Inclusion
d'abord, ensuite, après, puis, enfin, finalement, quand, lorsque une fois (que), dès (que), aussitôt (que)	simultanément, en même temps (que)	pendant (que), au cours de *Remarque :* on a inclusion lorsqu'un événement A a une durée inférieure à un événement B, et qu'il est contenu dans celui-ci : Ex : Pendant que Claire répond au téléphone, Robert en profite pour sortir.

Transcription

Séquence initiale de présentation (sans intertitre) *début : 20'59 - durée : 02'34*

C.L. : Claude Le Ninan, V.R. : Valérie Richardot

C.L. Valérie Richardot pouvez-vous nous présenter votre société ? /

V.R. bien sûr / TNT est un groupe d'origine australienne / son sigle signifie Thomas Nationwide Transport / parce que son fondateur était monsieur Ken Thomas / un Australien / la société a donc été fondée en Australie en 1946 / elle s'est implantée il y a une dizaine d'années en Europe /

C.L. comment vous situez-vous sur le marché ? /

V.R. nous offrons des services spécifiques qui sont / différents de ce que proposent nos confrères / par le fait que notre gamme de services est beaucoup plus étendue / et s'appuie sur des bases très simples / aucune sous-traitance / et une gestion propre / de tous les moyens de transport / en clair / nous avons nos propres avions et nos propres camions / ce qui nous permet de nous engager tant / sur le respect des délais que sur la / sécurité globale de la prestation que nous offrons /

C.L. à ce propos / de quels moyens disposez-vous ? /

V.R. nous disposons de plus de 24 000 camions / qui qui sillonnent chaque jour l'Europe et le monde entier / et bien sûr d'une flotte très importante d'avions qui nous permettent de regagner les grandes distances dans des temps records / 354 avions pour les livraisons dans le monde entier / et 14 / dédiés tout particulièrement au marché européen /

C.L. est-ce que vous êtes plus spécialisés dans le transport aérien que routier ? /

V.R. non / pas du tout / nous offrons une gamme très complète / de produits / qui va de l'express aérien / pour des besoins très spécifiques d'urgence / tant au niveau colis qu'au niveau documents / là on sait répondre à des besoins vraiment très importants / d'urgence / nous avons un produit qui est l'express routier / qui lui sait répondre à des besoins d'urgence pour des / marchandises un petit peu plus lourdes / qui a l'avantage d'être un peu moins coûteux que l'express aérien et qui correspond bien / à certains types de produits / et nous offrons également une prestation beaucoup plus classique / c'est un produit que nous avons baptisé standard / un produit routier / qui offre / un délai plus long qui est lui aussi beaucoup moins cher que l'express aérien et un petit peu moins cher que l'express routier / mais qui offre quand même / une garantie dans le délai / ce que recherchent la plupart des exportateurs / parce qu'ils ne sont pas forcément pressés / mais ils ont besoin de garantir / un délai c'est le temps du juste à temps ils se doivent / de garantir leurs délais de livraison /

Appel d'un client *début : 23'33 - durée : 03'33*

C.J. : Catherine Jeanneret, D.C. : Daniel Cuenot

C.J. TNT Express Worldwide bonjour /

D.C. oui bonjour je voudrais parler à mademoiselle Jeanneret s'il vous plaît /

C.J. c'est moi-même /

D.C. oui bonjour Daniel Cuenot société Eurotech à Dijon /

C.J. bonjour monsieur Cuenot vous allez bien ? /

D.C. ben écoutez relativement bien mais euh j'ai un problème assez épineux et puis je voudrais bien savoir si vous pouviez résoudre euh ce problème /

C.J. eh bien nous regard- nous allons regarder cela ensemble /

D.C. alors je voudrais faire une expédition sur le Portugal / mais euh j'ai des dimensions assez importantes / votre collègue quand elle était venue me voir m'avait expliqué sur le Portugal il y avait euh des dimensions maximales à ne pas dépasser / et j'ai un poids aussi très important / euh de plus il me faudrait des- un délai très / très rapide /

C.J. d'accord / euh lorsque ma collègue vous a rencontré la la dernière fois elle a dû simplement vous expliquer que pour le le Portugal nous avons uniquement un service aérien / alors il est évident que euh il y a des dimensions qui sont euh maximum puisque ça prend donc ça rentre dans des igloos hein / alors donc ça va / votre expédition va sur le Portugal / est-ce que vous avez la ville et la le code postal s'il vous plaît /

D.C. oui oui c'est Lisbonne et puis le code postal c'est le 1999 /

C.J. oui / d'accord / et au niveau poids total et dimensions ? /

D.C. alors les dimensions euh les dimensions en plus c'est euh cinq palettes /

C.J. oui /

D.C. euh et elles ne sont pas toutes pareilles alors j'en ai donc quatre qui font 1 mètre 20 par 80 par 1 mètre 70 / donc vous voyez déjà là que c'est quand même important et puis une qui fait 1 mètre 20 par 1 mètre par 1 mètre 70 /

C.J. alors / 1 mètre 20 / par 1 mètre et par 1 mètre 70 / bien ça ne posera pas de problème / nous avons des des dimensions qui doivent être qui ne doivent pas excéder 2 mètres hein / donc 2 mètres de long donc ça ne pose pas de problème au niveau des dimensions / et alors au niveau poids total ? /

D.C. 810 kilos /

C.J. très bien / et alors il vous faut impérativement du vingt-quatre heures /

D.C. ah oui faut il faut que ça soit livré demain euh à Lisbonne /

C.J. c'est vraiment un un cas d'urgence alors / très bien / euh bien ben écoutez j'ai j'ai tous les éléments en main pour pouvoir euh faire cette cotation /

D.C. oui mais alors attendez euh parce que si vous voulez euh je crois que vos prix n'incluent pas l'assurance hein ? /

C.J. euh non nous pouvons vous ser- vous proposer donc une assurance euh euh / totale enfin une une assurance qui prendra en charge la la totalité de la marchandise / pour cela il faudrait que je connaisse la valeur de votre marchandise /

D.C. oui / c'est 260 000 francs / et puis bon le problème c'est que euh bon en plus de l'assurance j'ai déjà fait une simulation au niveau de vos tarifs / et euh ça me semble assez important hein /

C.J. au niveau du prix de l'assurance ? /

D.C. non du prix total du transport /

C.J. mais écoutez je vais regarder euh si il y a possibilité de faire un geste commercial / bon étant donné que / euh vous travaillez vous commencez à travailler avec nous de façon tout à fait régulière / donc euh je vais regarder ce qu'on peut vous proposer au niveau tarif / et puis euh au niveau assurance hein / donc je vous rappelle dans cinq m- cinq à dix minutes pour vous donner la la totalité donc au niveau prix / et puis au niveau possibilités /

Recherche de la solution (1ère partie) — *début : 27'06 - durée : 02'07*

C.J. : Catherine Jeanneret, C.P. : Christine Parrot

C.J. Christine /

C.P. oui /

C.J. j'ai un client qui est a besoin de faire une expédition en vingt-quatre heures sur le Portugal / est-ce que tu peux bien me confirmer qu'on fait / euh donc du vingt-quatre heures sur Lisbonne ?/

C.P. alors ça partirait quand ? / aujourd'hui ? /

C.J. ça partirait aujourd'hui /

C.P. d'accord pour livraison demain hum d'accord tu as du tu as le code postal peut-être ? /

C.J. oui donc c'est 1999 /

C.P. d'accord / donc si la marchandise part maximum à 18 heures ce soir de Bâ- de Besançon / elle transite par / euh tu vois regarde / elle transite par Cologne / cette nuit / arrivée / demain matin de bonne heure / sur Lisbonne /

C.J. oui /

C.P. dédouanée / euh par TNT là-bas / mais comme c'est une zone un petit peu particulière par rapport / à l'aéroport / il faut compter une livraison à / 17 heures / est-ce que ça suffit ou comme il a l'air très pressé est-ce qu'il veut une une livraison avant 17 heures ? /

C.J. ben justement euh je préfèrerais qu'on regarde l'éventualité de faire quelque chose pour pour livrer plus tôt dans la journée parce que ça me semble quand même assez urgent /

C.P. ouais / alors à ce moment-là il faudrait prendre l'option prioritaire /

C.J oui /

C.P. ah donc si on prend / l'option prioritaire plus les préalertes qui vont avec / on arriverait là tu vois à une livraison / vers midi / donc je pense que ça lui conviendrait mieux peut-être ? /

C.J. donc en en faisant une une préalerte et en prenant une option priorité on pourrait le livrer la marchandise plus tôt sur le coup des midi /

C.P. ouais / vers midi / donc dans une tranche horaire à peu près entre 11 heures et 13 heures hein / donc je te donne ça /

C.J. hum hum /

C.P. euh seulement il faut qu'il confirme euh son enlèvement / dans les deux heures qui viennent / et comme ça on peut faire toutes les démarches possibles /

C.J. d'accord / bien ben écoute j'ai tout ce qu'il me faut / ce /

C.P. d'accord /

C.J. je vais présenter ça au client et je te je te tiendrai au courant pour savoir si on fait / l'enlèvement d'une part et si on prend l'option priorité pour que tu puisses euh / passer les préalertes /

C.P. d'accord ça marche à tout à l'heure /

C.J. d'accord / au revoir /

Recherche de la solution (2e partie, sans intertitre) *début : 29'13 - durée : 01'49*

C.J. : Catherine Jeanneret, C.S. : Christian Schmitt

C.J. Christian /

C.S. oui Catherine /

C.J. oui il y a un nouveau client qu'on a démarché commercialement il y a une semaine qui s'appelle Eurotech /

C.S. oui /

Transcription

C.J. euh qui veut faire une expédition sur le Portugal à Lisbonne /

C.S. oui /

C.J. et c'est donc du vingt-quatre heures /

C.S. oui /

C.J. dont il a besoin / et euh il a un poids de 810 kilos /

C.S. 810 kilos /

C.J. et avec le rapport poids-volume ça nous fait 1 713 kilos de poids taxable /

C.S. oui qu'est-ce qu'i(ls) font ces gens-là ? /

C.J. ils font des produits de connectique /

C.S. oui /

C.J. et euh bon il a la plaquette tarifaire /

C.S. oui /

C.J. près de lui /

C.S. d'accord /

C.J. et il a déjà fait une simulation du tarif et il trouve que c'est un petit peu cher et il me demandait de voir l'éventualité si on pouvait faire un geste commercial /

C.S. c'est une rupture de chaîne ? /

C.J. il m'a pas précisé mais ça semble quand même assez urgent /

C.S. oui s'il choisit un service vingt-quatre heures euh /

C.J. oui /

C.S. il doit être légèrement coincé quand même / hein /

C.J. oui /

C.S. oui / c'est un nouveau client ? /

C.J. oui oui c'est c'est un nouveau client que euh donc qu'on a démarché euh il y a une semaine et que Valérie a rencontré la semaine dernière /

C.S. et au niveau opérationnel vous avez vu avec Christine il y a pas de problème euh ? /

C.J. au niveau opérationnel il n' y a pas de problème on fait bien le le vingt-quatre heures euh et je regardais si on pouv- si éventuellement on pouvait livrer un petit peu plus tôt dans la journée parce que avec l'option priorité /

C.S. le problème de faire un prix vous connaissez les coûts d'exploitation sur le Portugal hein / les directives qu'on a du groupe à ce niveau-là hein /

C.J. hum /

C.S. c'est pas évident hein / écoutez ce que je vous suggère hein vous allez le rappeler / et vous allez lui proposer le service plus / hein /

C.J. oui /

C.S. c'est-à-dire que dès l'arrivée de la marchandise au Portugal / nous on prend contact on va déjà donc préalerter Lisbonne TNT Lisbonne / dès la livraison de la marchandise on demande à TNT Portugal de nous rappeler / hein on est on reste en contact permanent avec eux / on demande à ce que le dédouanement soit fait en priorité et la livraison en priorité /

C.J. hum /

C.S. hein et dès que la marchandise est livrée / vous garantissez à votre client qu'on le rappelle et qu'on lui dit que la marchandise est bien arrivée / hein /

C.J. d'accord /

C.S. je crois que c'est la meilleure solution /

Réponse de TNT

début : 31'02 - durée : 04'12

D.C. : Daniel Cuenot, C.J. : Catherine Jeanneret

D.C. oui Daniel Cuenot bonjour /

C.J. oui bonjour monsieur Cuenot Catherine Jeanneret de la société TNT / je vous rappelle pour votre cotation /

D.C. oui d'accord /

C.J. alors donc déjà je peux vous informer qu'on peut bien effectivement livrer votre votre expédition donc demain / dans la journée / pour un prix de 43 501 francs /

D.C. 43 501 / alors écoutez je suis un petit peu embêté parce que c'est pas tout à fait le prix que j'avais calculé moi-même /

C.J. ah /

D.C. euh oui / j'ai pris un prix euh de 810 kilos et puis il y a quand même un écart assez important apparemment /

C.J. tout à fait mais vous auriez dû vous baser plutôt euh enfin à cause du rapport poids-volume / il ne faut pas vous baser pour établir votre cotation sur les 810 kilos / mais euh nous arrivons à un poids taxable de 1 713 kilos / ce qui explique / donc cette différence de de prix hein /

D.C. oui / votre collègue me l'avait expliqué en plus /

C.J. voilà/

D.C. par contre est-ce que vous incluez les tarifs d'assurance / les frais d'assurance ? /

C.J. alors euh j'y viens / il faut rajouter 270 francs / pour l'assurance / qui est donc une assurance tous risques hein /

D.C. parfait donc euh ça risquera donc moins hein / euh / j'ai un gros problème quand même mon client euh portugais vient de me retéléphoner / il veut une garantie de livraison / alors c'est vrai que vous promettez du vingt-quatre heures mais euh il faudrait qu'il soit garanti dans tous les cas / et là j'ai peur que /

C.J. vous avez peur de / euh alors ne vous inquiétez pas / euh concernant notre garantie de livraison lorsqu'on vous dit qu'on fait effectivement du vingt-quatre heures sur une destination / c'est que nous sommes vraiment en mesure de vous le proposer / c'est-à-dire de par notre système euh qui est donc un système intégré / on peut vous assurer cette livraison en vingt-quatre heures car nous avons la maîtrise sur votre expédition / du départ jusqu'à l'arrivée / c'est-à-dire que dans le prix que je vous ai donné / cela comprend l'enlèvement chez vous / les formalités douanières donc côté France côté étranger qui sont toujours effectuées sous le contrôle de TNT / et la relivraison chez votre client donc par TNT toujours / ce qui explique donc euh qu'on a la maîtrise du départ jusqu'à l'arrivée / et qu'on vous garantit une livraison en vingt-quatre heures /

D.C. hum hum ce qui doit justifier vos prix aussi /

C.J. tout à fait / mais c'est sûr que /

D.C. oui /

C.J. étant donné qu'on vous propose un service vraiment euh du départ jusqu'à l'arrivée / ça englobe également un tarif

Transcription

bon de plus c'est également un service aérien c'est ça qu'il faut comprendre /

D.C. oui tout à fait /

C.J. il y a peu de d'autres transporteurs qui peuvent vous t- vous proposer une telle prestation de de service et dans un délai aussi rapide /

D.C. ben écoutez si vous êtes capable de me garantir le vingt-quatre heures effectivement / euh maintenant euh j'attends euh de savoir ce que vous me ferez / mais euh je- dans tous les cas il il le faut hein je crois que l'importance de cet envoi est est/

C.J. alors / bon de plus étant donné que vous êtes premier client et qu'on voit également de par euh / euh votre entretien que que cette expédition est vraiment urgente pour vous / euh on vous donnera la preuve de livraison de votre expédition / qui est donc suivie par informatique et qui nous permet de localiser votre envoi du de à tout moment hein /

D.C. ouais /

C.J. donc il faut pas vous inquiéter et notre nous avons un service clientèle justement / qui suivra cet envoi et qui vous rappellera pour vous donner donc l'heure et le la personne qui a réceptionné le colis /

D.C. par contre comment est-ce qu'on peut procéder pour l'enlèvement ? /

C.J. alors votre marchandise est prête ? /

D.C. ben pratiquement il doit rester encore euh / quelques colis à étiqueter mais je c'est pratiquement fait /

C.J. hum hum / il faut que votre marchandise soit prête au moins pour quatorze heures /

D.C. bon ça sera pas un problème /

C.J. donc je vais vous passer le service enlèvement / qui va enregistrer le les coordonnées de votre envoi / et vous préciseront vers quelle heure ils passeront hein / voilà je vous souhaite une bonne journée monsieur Cuenot / au revoir /

Service opérationnel

début : 35'14 - durée : 01'48

C.L. : Claude Le Ninan, C.S. : Christian Schmitt

C.L. monsieur Schmitt comment se déroulent les opérations ? /

C.S. eh bien nous sommes en fin de euh d'après-midi / les dix camions qui ont sillonné toute la journée les routes de Franche-Comté et de Bourgogne / sont actuellement sur le retour à notre dépôt central / avec l'ensemble des marchandises collectées à l'exportation /

C.L. et lorsque ces camions sont arrivés à votre dépôt / que se passe-t-il ensuite ? /

C.S. eh bien effectivement nous arrivons dans un deuxième cycle très important dans la chaîne du transport le deuxième maillon si je peux m'exprimer ainsi / nous allons maintenant opérer donc à la saisie informatique pour le dédouanement / au tri / des marchandises / et également à l'étiquetage / de ces marchandises /

C.L. quelle est l'étape suivante ? /

C.S. alors l'étape suivante est l'étape donc d'acheminement des marchandises sur nos deux plateformes /deux plateformes / la première est la plateforme routière / dont la la plaque centrale se trouve à Aulnay-sous-bois / donc nous allons avoir des véhicules qui vont monter sur Aulnay-sous-bois / pour ce qui est du transport routier / et la deuxième opération ça concerne donc le transport aérien / nous allons rejoindre le plus rapidement possible / avant 21 heures 30 / l'aéroport de Bâle-Mulhouse /

C.L. et après Bâle-Mulhouse ?

C.S. après Bâle-Mulhouse c'est / c'est la dernière étape aérienne / concernant les marchandises que nous avons collectées en Bourgogne Franche-Comté / l'avion va prendre la direction de notre plaque tournante européenne de Cologne / pour être le plus rapidement / avant une 1 heure du matin / à cette plaque tournante / l'ensemble des marchandises vont être triées / et remises / aux avions / pour leur destination / finale / prenons l'exemple de la marchandise de la société Eurotech dont nous avons parlé toute la journée / cette marchandise va être triée comme l'ensemble des autres marchandises / remise à l'avion / portugais / pour sa destination / finale / qui est Lisbonne / l'avion / redémarrera / vers / trois heures du matin / et demain à 7 heures elle sera à la disposition / de la station TNT / de Lisbonne /

Lexique

m. : masculin, f. : féminin

acheminement (m.) : transport vers une destination donnée

affréter : louer un moyen de transport (aérien, maritime, terrestre)

assurance tous risques (f.) : assurance contre les risques de toute nature

Aulnay-sous-Bois : ville située dans la banlieue nord de Paris

avoir la maîtrise sur : contrôler

Bâle-Mulhouse (aéroport de): aéroport situé entre les villes de Bâle (Basel), en Suisse, et Mulhouse dans l'Est de la France ; cet aéroport possède la caractéristique d'être géré par les deux pays

brochure (f.) : livret

coincé : bloqué (en parlant de quelqu'un qui a un problème)

colis (m.) : paquet

collègue (m./f.) : personne qui effectue le même genre de travail qu'une autre

Cologne : Köln, grande ville de l'Ouest de l'Allemagne

comprendre : inclure, contenir

confrère (m./f.) : société qui travaille dans le même domaine, s'utilise normalement pour les membres d'une profession libérale

connectique (f.) : secteur industriel qui fabrique des connecteurs, le plus souvent électriques

coordonnées (f.) : nom , adresse, n° de téléphone, de télex et de fax d'un individu ou d'une société

cotation (f.) : estimation, devis

coût d'exploitation (m.) : prix de revient

couvrir : assurer

dédouanement (m.) : ensemble des opérations effectuées auprès du Service des Douanes pour l'importation de marchandises

dédouaner : effectuer auprès du Service des Douanes les formalités nécessaires à l'importation de marchandises

déduire : enlever, retirer une somme

délai (m.) : temps nécessaire pour faire quelque chose

démarche (f.) : opération

démarcher : rechercher des clients en les contactant personnellement

dépôt (m.) : endroit où l'on stocke, conserve des marchandises

directive (f.) : ordre

écart (m.) : différence

écouler (s') : passer (se)

effectuer : faire

emballer : envelopper, conditionner pour le transport

en mesure de (être) : capable de (être)

engager (s') : promettre

englober : inclure, contenir

enlèvement (m.) : action qui consiste, pour le transporteur, à venir prendre des marchandises chez un client

entretien (m.) : discussion

épineux : difficile à résoudre

établir (votre cotation) : calculer

étape (f.) : phase

étiqueter : mettre des étiquettes

éventualité (f.) : hypothèse, possibilité

excéder : dépasser

faire une simulation : estimer

flotte (f.) : ensemble de véhicules

fondateur (m.) : personne qui a créé une entreprise

forcément : obligatoirement

formalité (f.) : opération à effectuer pour respecter les règles ou les lois

gamme (f.) : série de produits qui appartiennent à la même famille, mais qui possèdent des caractéristiques différentes (haut de gamme : luxe)

geste commercial (m.) : action d'offrir quelque chose à un client lorsqu'il le demande mais que cela n'est pas obligatoire (par exemple : une réduction)

gestion propre (f.) : contrôle de la société

igloo (m.) : conteneur pour avion

impérativement : obligatoirement

implanté : installé

inclure : contenir

juste à temps : ni en avance, ni en retard

Lisbonne : Lisboa, capitale du Portugal

livraison (f.) : acte de remettre des marchandises à leur destinataire

livrer : remettre au destinataire

maillon (m.) : élément

marchandise (f.) : produit qui fait l'objet d'un commerce

moindre détail (m.) : plus petit détail

monter sur : se diriger vers (un endroit situé plus au Nord)

niveau opérationnel (m.) : niveau des possibilités de transport

niveau record (m.) : niveau le plus élevé jamais atteint

opérer : faire, procéder à

palette (f.) : support plat, généralement en bois, qui sert à transporter des marchandises

passer les préalertes : prévenir les agents de TNT de se tenir prêt à intervenir très rapidement

plaque centrale (f.) : endroit où l'on regroupe les marchandises pour les réexpédier vers leur destination finale

plaque tournante (f.) : endroit où l'on regroupe les marchandises pour les réexpédier vers leur destination finale

plaquette tarifaire (f.) : brochure qui indique le prix des différents services

plateforme (f.) : endroit où l'on regroupe les marchandises pour les réexpédier vers leur destination finale

poids taxable (m.) : poids qui sert de référence pour calculer le coût du transport

prendre (l'option) : choisir

prestation (f.) : service

prestation de service (f.) : fourniture d'un service

procéder : faire

réceptionner : recevoir

régler : payer

relivraison (f.) : livraison finale

remettre : transmettre

remise (f) : réduction

reporter : remettre à plus tard

rupture de chaîne (f.) : manque de pièces qui servent à fabriquer un produit

saisie informatique (f.) : opération qui consiste à faire entrer dans un système informatique des renseignements, des données

service plus (m.) : service qui offre des éléments supplémentaires par rapport au service de base

sigle (m.) : suite d'initiales servant de nom (exemple : SNCF)

sillonner : parcourir en tous sens

sous-traitance (f.) : exécution d'un travail par une entreprise, d'après un cahier des charges, pour le compte d'une autre entreprise

spécifique : propre, que l'on ne trouve pas ailleurs

station (f.) : agence

suggérer : conseiller

sur le coup de : autour de (pour une heure)

sur le retour : en train de revenir

tarif (m.) : prix

temps records (m.) : délais très courts

tranche horaire (f.) : période

transiter : passer par

tri (m.) : action de trier

TVA (f.) : Taxe à la Valeur Ajoutée (taxe que perçoit l'Etat lors de la vente d'un produit ou d'un service ; les ventes entre professionnels ainsi que les exportations en sont exemptées sous certaines conditions)

Vienne : Wien, capitale de l'Autriche

zone (f.) : endroit

SERGE BASTIEN COMMUNICATIONS

AGENCE DE COMMUNICATION

Durée du film : 10'23

Séquence initiale de présentation (sans intertitre)	***début :*** *37'07*	***durée :*** *04'53*

• situer dans l'espace

Visite chez un client	***début :*** *42'00*	***durée :*** *02'56*

• refuser une proposition
• rapporter des propos

Exemples d'actions	***début :*** *44'56*	***durée :*** *00'55*

• analyser les discours de la publicité
• rédiger des accroches publicitaires

Pourquoi ? Quand ? Combien ?	***début :*** *45'51*	***durée :*** *01'39*

• parler du rôle de la communication d'entreprise

SÉQUENCE INITIALE DE PRÉSENTATION

INTERVIEW **début :** 37'07 **durée :** 04'53

Repérages

1 *Regardez la séquence avec le son en faisant particulièrement attention entre les repères 38'17 et 41'26 (horloge), puis indiquez sur les plans ci-dessous, et dans l'ordre, les endroits visités.*

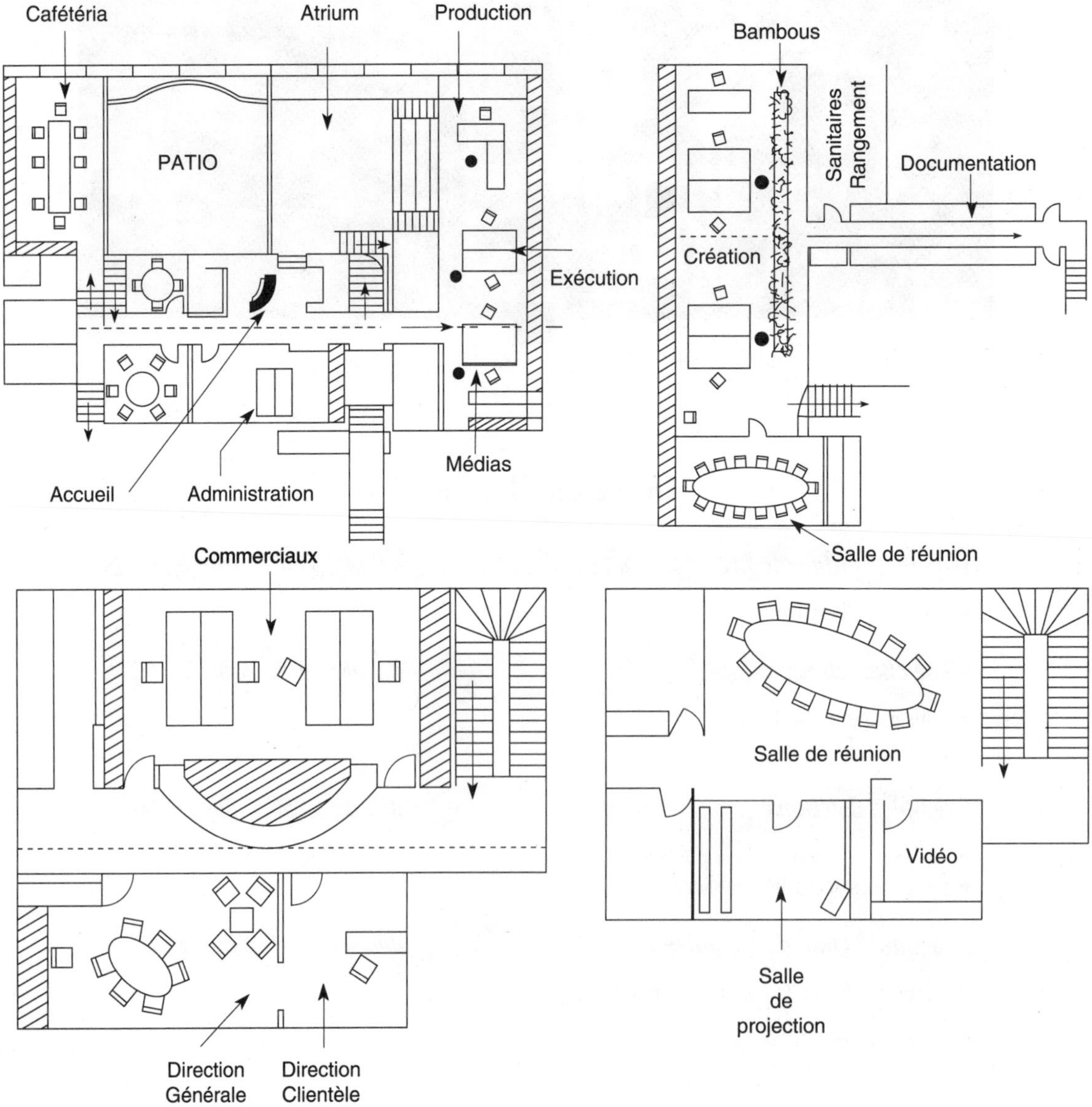

Cafétéria
Atrium
Production
PATIO
Exécution
Médias
Accueil
Administration

Bambous
Sanitaires
Rangement
Documentation
Création
Salle de réunion

Commerciaux
Direction Générale
Direction Clientèle

Salle de réunion
Vidéo
Salle de projection

Compréhension

2 *Regardez la séquence avec le son, puis choisissez les affirmations correctes.*

2.1 L'agence est installée dans
- **a.** deux villes de France.
- **b.** trois villes de France.
- **c.** quatre villes de France.

2.2 L'agence réalise un chiffre d'affaires annuel de
- **a.** seize millions de francs.
- **b.** treize millions de francs.
- **c.** six millions de francs.

2.3 L'agence emploie
- **a.** seize personnes à Besançon.
- **b.** treize personnes à Besançon.
- **c.** six personnes à Besançon.

2.4 L'atrium permet d'organiser des
- **a.** fêtes après le travail.
- **b.** réunions d'exécution.
- **c.** réunions de travail.

2.5 La partie documentation est destinée
- **a.** au service création.
- **b.** au service exécution.
- **c.** à tous les services.

2.6 La cafétéria est utilisée par
- **a.** le personnel et les clients.
- **b.** le personnel.
- **c.** les clients.

2.7 L'agence
- **a.** réalise des films.
- **b.** conçoit des films.
- **c.** vend des films.

2.8 L'agence a déjà signé des accords de partenariat avec
- **a.** la France, le Maroc et l'Italie.
- **b.** le Maroc et l'Italie.
- **c.** le Maroc.

Exploitation

3 *Complétez les phrases avec les mots ou expressions qui conviennent.*

a. lieux / locaux / endroits
Pour faire face à son développement, l'entreprise va s'installer dans de nouveaux ....

b. tenir / retenir / détenir
Je vous propose de .... notre réunion annuelle à l'hôtel Méridien.

c. sur la place / sur le point / sur place
Afin de ne pas perdre de temps, nous pourrions déjeuner ....

d. retrouvons / rejoignons / trouvons
C'est tout pour ce matin, nous nous .... au même endroit à 14 heures.

e. lieux / endroits / sites
La société possède trois .... industriels : Lille, Nancy, Strasbourg.

f. au dépôt / aux archives / au placard
Il s'agit d'un document qui date de cinq ans. Il doit se trouver ....

g. l'entrée / la bienvenue / l'accueil
Désolé, Mademoiselle, vous ne pouvez pas entrer par ici. Il faut passer par ....

Communication

4 *Décrivez où et comment est installée la société RABCO en utilisant les indications données par les trois plans qui suivent.*

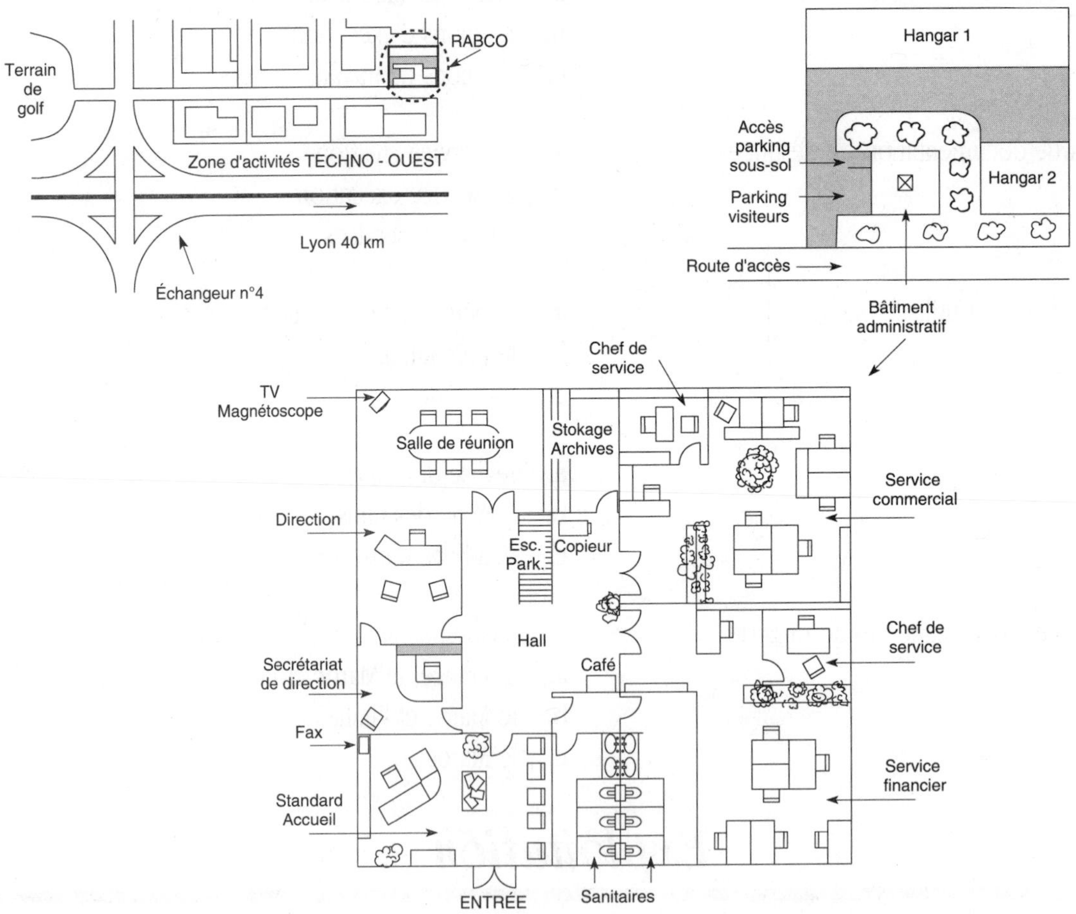

5 *Imaginez que vous travaillez dans la société. Un visiteur se présente à l'accueil et demande à voir le directeur, qui se trouve dans le hangar 2. Indiquez-lui le chemin pour y parvenir.*

6 *Présentez à des clients potentiels des bureaux situés dans une nouvelle zone d'activités. Insistez sur l'infrastructure disponible : communications, télécommunications, restauration, loisirs, etc.*

VISITE CHEZ UN CLIENT

SIMULATION **début :** 42'00 **durée :** 02'56

SERGE BASTIEN COMMUNICATIONS

Repérages

1 *Regardez la séquence avec le son, puis cochez (✔) les informations entendues.*

Information	Entendu	Information	Entendu
a. " deuxième trimestre "	❑	**f.** " prise de vue "	❑
b. " budget "	❑	**g.** " deux mannequins "	❑
c. " 1 000 000 "	❑	**h.** " douze jours "	❑
d. " niveau de goût "	❑	**i.** " une maquette "	❑
e. " magasin COBRA "	❑	**j.** " enterrer "	❑

Compréhension

2 *Regardez la séquence avec le son, puis choisissez les affirmations correctes.*

2.1 Pour Monsieur Boivin, de la société Cobra, l'action proposée par l'agence est

a. acceptable au niveau du contenu et des moyens.
b. acceptable au niveau du contenu, mais inacceptable au niveau des moyens.
c. peu acceptable au niveau du contenu et pas du tout au niveau des moyens.

2.2 Les deux postes les plus coûteux de la campagne sont

a. les photos et la réalisation d'un magazine.
b. les photos et la réalisation d'une maquette.
c. les photos et les douze mannequins.

2.3 Messieurs Boivin et Maurice se reverront le lundi suivant

a. à 18 heures, à la société Cobra.
b. à 10 heures, à l'agence.
c. à 18 heures, à l'agence.

2.4 La réunion à laquelle nous assistons se déroule
a. en début de semaine.
b. en milieu de semaine.
c. en fin de semaine.

2.5 L'agence s'occupe de
a. plusieurs actions de communication de Cobra.
b. deux actions de communication de Cobra.
c. une action de communication de Cobra.

Exploitation

3 *Repérez et notez, en vous aidant éventuellement de la transcription, les expressions employées par Monsieur Boivin pour dire qu'il refuse d'engager le million de francs demandé par l'agence pour une campagne publicitaire.*

....

....

....

....

4 *Quelle est l'attitude de Monsieur Maurice face à Monsieur Boivin : coopérative ou conflictuelle ? Justifiez votre point de vue en notant les expressions employées par Monsieur Maurice.*

....

....

....

....

5 *Retrouvez les expressions de la séquence qui signifient :*

a. approuver un choix : ....
b. diminuer un des éléments du coût total : ....
c. les ventes deviennent difficiles : ....
d. la dépense est trop élevée : ....

Communication

6 *Imaginez le dialogue entre Monsieur Maurice et le directeur de l'agence.*

Monsieur Maurice fait un compte rendu de son entrevue avec Monsieur Boivin : l'élément essentiel de celui-ci est constitué par le refus du projet présenté, pour des raisons financières, et une demande de projet moins cher.
Utilisez les expressions suivantes :
Il n'accepte pas (n'a pas accepté) / il rejette / il refuse / il a dit non à / il se plaint de
Il souhaite (souhaiterait) / il veut (voudrait) / il exige / il demande

7 *Imaginez la discussion entre A et B, où A et B travaillent dans la même entreprise.*

A a réalisé une étude chiffrée que B a déjà lue.
B refuse globalement les propositions de A parce qu'elles reviennent trop cher.
A défend son point de vue parce qu'il est convaincu de la justesse de sa proposition.
A et B se quittent sans avoir pu trouver un terrain d'entente.

Utilisez les mots et expressions ci-dessous :

Je suis désolé (mais) / je regrette (mais) / il ne peut être question de / il (ça) me paraît (très) difficile de / je ne peux (absolument) pas accepter / votre proposition est inacceptable (irréaliste, fantaisiste) / votre proposition n'est pas sérieuse (réaliste) / je ne suis pas (du tout) convaincu / vous ne me ferez pas changer d'avis

c'est (tout à fait) faux / c'est inexact / c'est erroné / pas du tout / absolument pas / vous vous trompez / vous faites erreur / je vous assure que non / vous ne vous rendez pas compte / vous ne saisissez pas / vous ne comprenez pas / il n'est pas question de /

vous semblez ignorer / n'espérez pas me convaincre (m'influencer, me faire changer d'avis) /
je maintiens mon point de vue (ma position, mon avis) / (il est) inutile d'insister /n'insistez pas / erreur ! /
qu'est-ce qui vous fait dire ça / ne comptez pas sur /

je ne le ferai pas / vous ne semblez pas saisir / vous ne semblez pas comprendre.

EXEMPLES D'ACTIONS

PUBLICITÉS **début :** 44'56 **durée :** 00'55

Repérages

1 *Regardez plusieurs fois la séquence, puis cochez (✔), parmi les noms des annonceurs ci-dessous, ceux que vous avez vus sur les affiches.*

Nom	Vu	Nom	Vu
a. L'Amy.	❑	**h.** Renault.	❑
b. Carrefour.	❑	**i.** Ribourel.	❑
c. Banque Populaire de Franche-Comté.	❑	**j.** INFRES.	❑
d. Banque Nationale de Paris.	❑	**k.** Centre Commercial de Valentin.	❑
e. Migeon.	❑	**l.** Groupe Soufflet.	❑
f. Conseil Général de la Haute-Marne.	❑	**m.** Crédit Mutuel.	❑
g. Cobra.	❑	**n.** Crédit Municipal.	❑

Exploitation

2 *Regardez à nouveau la séquence, puis expliquez comment sont construites les accroches suivantes :*

a. "Moi, j'ai choisi une formation qui me paye pour apprendre". (45'02)

....

b. "Le naturel revient au galop". (45'14)

....

c. "Quand tout est gris, Carrefour c'est plus près que Tahiti !" (45'24)

....

d. "Faites banque à part". (45'44)

....

Communication

3 *Imaginez d'autres accroches pour les publicités de la séquence.*

POURQUOI ? QUAND ? COMBIEN ?

INTERVIEW **début :** 45'51 **durée :** 01'39

Compréhension

1 *Regardez la séquence avec le son, puis choisissez les affirmations correctes.*

1.1 Pour une entreprise, communiquer est
- **a.** souhaitable.
- **b.** nécessaire.
- **c.** indispensable.

1.2 Pour réussir, une entreprise doit, dans l'ordre, définir
- **a.** une stratégie d'entreprise, de marketing, de communication.
- **b.** une stratégie de communication d'entreprise, de marketing.
- **c.** une stratégie de communication, de marketing, d'entreprise.

1.3 Serge Bastien travaille pour des clients qui ont des budgets
- **a.** importants.
- **b.** peu importants.
- **c.** d'importance variable.

1.4 Le coût d'une journée de consultant de l'agence varie suivant les cas entre
- **a.** 8 000 et 12 000 francs.
- **b.** 10 000 et 12 000 francs.
- **c.** 8 000 et 10 000 francs.

Exploitation

2 *Complétez les phrases avec les termes qui conviennent.*

a. imposer / établir / installer
Cette société a su .... ses produits sur le marché en moins de deux ans.

b. tactique / vision / stratégie
Si nous voulons gagner des parts de marché de façon durable, nous devons avoir une .... cohérente.

c. pallier / contrôler / résoudre

Le recours à la sous-traitance nous a permis de .... une capacité de production insuffisante.

d. se coince / se cale / se fait

Une stratégie de communication .... en fonction d'une stratégie marketing.

e. conseiller / consultant / conseil

Afin d'avoir un avis externe sur ce problème, je propose que l'on fasse appel à un .... indépendant.

3 *Retrouvez les trois questions de la séquence qui ont été "effacées" (vous trouverez les débuts de réponses ci-dessous) :*

Q. - ....

R. - Bon une entreprise doit communiquer à tout moment de son existence...

Q. - ....

R. - Alors la stratégie de communication dépend de la stratégie d'entreprise...

Q. - ....

R. - Alors ça coûte pas cher naturellement...

Transcription

Séquence initiale de présentation (sans intertitre)

début : 37'07 - durée : 04'53

S.B. : Serge Bastien

S.B. – bonjour / je m'appelle Serge Bastien / euh je suis le patron de cette agence / que j'ai créée il y a vingt-cinq ans en Franche-Comté / maintenant nous avons trois trois sites Besançon toujours / Paris / et Lyon / nous faisons euh 16 millions d'honoraires nous appartenons à l'association des agences conseils en communication / alors vous êtes dans une agence de communication plus euh maintenant on appelle agence de communication euh / et moins souvent agence de publicité / treize personnes travaillent ici / euh si vous le voulez nous allons nous allons faire le tour des des locaux / c'est une agence une des rares agences en province / qui a des des services complets c'est-à-dire qu'il y a service création service médias service production service commercial /

– bien / alors ici nous avons le bureau de la direction générale le bureau du directeur de clientèle le bureau des commerciaux / bureau direction générale / tous les bureaux sont / euh construits suivant le même principe c'est-à-dire un plan de travail / et des bureaux annexes ou une grande table de réunion pour moi / étant étant donné que je réunis souvent mes collaborateurs et que / tout se passe autour de cette table /

– bien ici nous sommes dans / au niveau production et médias / il y a cette partie là ce sont les médias / ici / l'exécution / et puis là / le directeur de production qui contrôle toute la production des trois agences c'est-à-dire que toute la production / est centralisée ici / pour / les trois sites / alors là vous comprenez un peu mieux comment comment fonctionne l'agence ici donc production exécution médias / en dessous création / et ici un grand atrium / avec des des marches qui ont été construites comme des comme des marches d'amphi ce qui nous permet de / en réunion / souvent le soir / de nous asseoir là / de regarder les projets de discuter de discuter tranquillement /

– alors ici nous sommes dans la partie documentation / et tout est réparti par service ici nous avons la la la pige pour la création / là nous avons tous les documents d'exécution sur plusieurs années concernant tous nos clients c'est-à-dire les documents d'exé / les compos les ektachromes / ensuite nous avons les les dossiers généraux des clients / les parties justificatives ce qui permet à chaque département / de venir et de retrouver ses / les éléments dont il a besoin /

– ici c'est un lieu important pour l'agence c'est un lieu de convivialité c'est une cuisine cafétéria / qui permet à tous les gens de l'agence de se retrouver quand ils ont envie de se retrouver et de prendre un pot / mais ça nous permet aussi de tenir des réunions / de poursuivre une réunion avec un client de déjeuner ou de dîner sur place / sachant qu'en agence les journées sont très longues on commence à 8 heures le matin souvent 8 heures 8 heures et demie / et on va très souvent jusqu'à 20 heures 21 heures / ce matin par exemple il y a eu une réunion avec des clients on a pris un café / et plutôt que de la tenir dans une salle de réunion on l'a tenue ici / c'est plus convivial on est ouvert sur l'extérieur / ça permet une relation complètement différente /

– bien ici nous sommes dans dans la partie audiovisuelle de l'agence / avec une grande table de réunion / qui nous permet de / programmer toutes les réunions de préproduction / sachant qu'une agence ne / ne ne réalise pas les films ni les ni les vidéos / l'agence / conçoit le projet / va jusqu'au story board / et ensuite choisit la boîte de production / et travaille avec cette boîte de production / en surveillant le projet jusque jusqu'à la livraison finale / alors ici ça permet de réunir une quinzaine de personnes facilement / c'est-à-dire le client / les créatifs de l'agence le commercial de l'agence / le client et puis son staff /

– bon je crois que c'est une agence qui qui est intéressante à plusieurs niveaux / parce que c'est une parce que c'est une agence indépendante / qui n'appartient pas à un réseau c'est-à-dire nous créons no- notre notre propre réseau nous avons des / des accords de partenariat avec le Maroc nous sommes en train d'en prendre encore avec l'Italie / c'est une agence qui est en province / même si nous sommes implantés à Paris et à Lyon / l'agence a démarré ici / et c'est une des rares agences en région qui dispose d'une telle structure / et d'un tel lieu de travail / enfin c'est un lieu que nous avons construit à notre image / et dans lequel nous sommes bien /

Visite chez un client

début : 42'00 - durée : 02'56

D.B. : ***Daniel Boivin, Y.M. : Yves Maurice***

D.B. eh bien monsieur Maurice / j'ai bien reçu votre proposition de budget / pour l'action du deuxième semestre / j'ai regardé ça avec nos collaborateurs / je suis tout à fait d'accord avec le contenu de cette action / qui me semble bien calée /

Y.M. hum hum /

D.B. par contre là je souhaite vraiment qu'on rediscute un point important / c'est le budget de cette deuxième opération / 1 million de francs pour cette opération / euh véritablement on ne peut pas euh donc intégrer dans notre / euh dans le budget de fonctionnement ce ce niveau / je vous rappelle rapidement que euh / tout se resserre sur nos marchés / et que euh / on ne peut pas effectivement / incorporer donc de tels niveaux de coût / alors j'aimerais qu'on rediscute un petit peu ça ensemble hein /

Y.M. bien sûr est-ce que vous savez déjà dans quelles proportions / vous souhaitez qu'on / qu'on revoie le budget ? /

D.B. ben écoutez là j'ai vu que l'élément essentiel était effectivement / un Cobra magazine /

Y.M. oui /

D.B. qui va être diffusé très largement / et ce Cobra magazine ainsi d'ailleurs que le budget photos /

Y.M. budget photos oui

D.B. donc euh / sont deux éléments importants / de cette campagne / je crois que c'est là que / que on doit chercher / que vous devez chercher /

Y.M. là on pourrait éventuellement envisager / de réduire le poste prise de vues / disons euh passer de euh / deux mannequins par réalisation de Cobra magazine / et sur deux jours / ce qui permettrait de / de considérablement réduire le coût déjà de ce poste photos / je pense que l'on pourrait s'orienter vers une direction comme comme celle-ci / ce qui permettrait je vous dis sur l'ensemble des deux postes / de pouvoir disons économiser /

D.B. aussi bien donc sur la part budget photos /

Y.M. sur la part budget photos / et sur la part réalisation du Cobra magazine /

D.B. bon ça c'est l'idée euh / l'idée sur laquelle vous pouvez travailler /

Y.M. voilà /

D.B. quand est-ce que vous pouvez me fournir une maquette ? /

Y.M. dès la semaine prochaine /

D.B. bon / ça va je reconnais bien là l'équipe Bastien /

Y.M. vous êtes disponible la semaine prochaine ? /

D.B. semaine prochaine / je devrais pouvoir effectivement / vous revoir / je sais pas si ce sera en début de semaine ou en fin de semaine / en général euh / pour moi c'est plutôt le lundi /

Transcription

Y.M. oui le lundi on peut noter 18 heures /

D.B. lundi en fin d'après-midi d'accord /

Y.M. 18 heures à l'agence / OK /

D.B. oui à l'agence /

Y.M. OK /

D.B. on profitera d'ailleurs à ce moment-là de refaire un petit point global sur l'ensemble de nos autres actions en cours /

Y.M. tout à fait /

D.B. et puis de / bon / d'entériner votre dernière euh proposition / là sur ce / sur cette campagne /

Y.M. OK

D.B. très bien / monsieur Maurice / merci d'être passé / donc / à très bientôt /

Y.M. je vous souhaite un bon week-end et à lundi /

D.B. entendu /

Y.M. au revoir /

Pourquoi ? Quand ? Combien ?

début : 45'51 - durée : 01'39

S.B. : Serge Bastien

S.B. – bon une entreprise doit communiquer à tout / à tout moment de son existence ne serait-ce que pour avoir une existence / il ne s'agit pas qu'elle / son rôle n'est pas seulement de fabriquer des produits elle doit elle doit les vendre elle doit les faire / connaître elle doit les imposer sur le marché / et pour ça il faut absolument qu'elle qu'elle dise ce qu'elle fait / et qu'elle soit connue de de de ses différents publics /

– alors la la stratégie de de communication dépend de la stratégie d'entreprise / il faut pas commettre l'erreur que commettent souvent de / des petites entreprises de ne pas avoir de stratégie / et de demander à la communication de pallier euh / cette insuffisance / dans tous les cas une stratégie de communication se cale / en fonction d'une stratégie d'entreprise / c'est-à-dire qu'on part d'une stratégie d'entreprise / on définit une stratégie de marketing / et on établit une stratégie de communication /

– alors ça coûte pas cher naturellement / hein / je crois que c'est pas une question de budget je crois qu'il y a de très gros budgets les lessiviers ont des budgets énormes en communication / mais un tout petit client peut venir nous voir / et / nous demander un un avis nous demander d'intervenir en consultant sur une journée ou deux journées / et à ce moment-là on va vendre le prix / on va vendre une journée ça peut être 10 000 francs ça peut être 8 000 ça peut être 12 000 / mais pendant une journée on va analyser l'entreprise / et faire une recommandation / donner des / des des directions des axes de communication / que l'entreprise suivra ou ne suivra pas / mais on peut venir nous voir pour une annonce presse on peut venir nous voir pour / intervenir une journée dans l'entreprise pour l'amener à réagir / sur / sa politique ou à s'interroger simplement / sur sa politique de communication /

Lexique

m. : masculin, f. : féminin

accroche (f.) : slogan publicitaire (dans une affiche, par exemple)

amphi (m.) : amphithéâtre

annonce presse (f.) : annonce qui paraît dans la Presse écrite

archives (f.) : service, lieu où l'on conserve des documents anciens

atrium (m.) : cour intérieure

boîte de production (f.) : société qui réalise des films

caler (se) : se déterminer

calé : situé

campagne (f.) : ensemble d'actions (de communication)

commercial (m.) : personne chargée de la vente

commettre une erreur : faire une erreur

compo (f.) : composition

consultant (m.) : personne qui donne des conseils

convivialité (f.) : attitude détendue

créatif (m.) : personne qui crée des messages pour la communication

échantillon (m.) : petite quantité représentative d'un produit

ektachrome (m.) : diapositive réalisée avec une pellicule de type Ektachrome (marque Kodak)

entériner : approuver officiellement

exé (f.) : exécution

exécution (f.) : service qui prépare les documents techniques pour la photogravure

fournir : présenter

honôraires (m.) : chiffre d'affaires (habituellement, gains d'un membre d'une profession libérale)

imposer : faire accepter, obliger à accepter

incorporer : intégrer

insuffisance (f.) : manque, déficit

lessivier (m.) : fabricant de lessive

mannequin (m.) : personne qui sert à présenter de nouveaux modèles de vêtements ou d'accessoires d'habillement

maquette (f.) : modèle du produit réel

médias (m.) : service qui choisit et achète les espaces pour la diffusion d'une annonce

pallier : compenser

part de marché (f.) : pourcentage d'un marché donné contrôlé par une société

partenariat (m.) : association

partie justificative (f.) : document qui sert à justifier une action

pige (f.) : service qui repère des produits similaires à celui que l'agence va créer, et qui vérifie également que les annonces ont été diffusées dans les conditions prévues (horaires, emplacements, qualité de reproduction)

plan de travail (m.) : surface qui sert de table de travail, de bureau

poste (m.) : partie, élément

prendre un accord : passer, signer un accord

prendre un pot : prendre une boisson

préproduction (f.) : activités qui se situent avant le tournage (la production) d'un film

production (f.) : service qui coordonne la réalisation des annonces, et qui achète les moyens nécessaires à leur réalisation

recours (m.) : action de s'adresser à quelqu'un

réparti : classé

réseau (m.) : ensemble de sociétés qui sont en relation dans un but précis

resserrer (se) : devenir difficile

revoir : modifier

site (m.) : endroit

sous-traitance (f.) : exécution d'un travail par une entreprise, d'après un cahier des charges, pour le compte d'une autre entreprise

staff (m.) : collaborateurs importants d'un dirigeant d'entreprise

story board (m.) : document qui sert à préparer le tournage d'un film, et qui décrit avec précision les aspects techniques de chaque plan

vidéo (f.) : vidéogramme, film sur bande vidéo

CORRIGÉS

COBRA

Séquence initiale de présentation

1 **a.** vu ; **b.** entendu ; **c.** vu, entendu ; **d.** vu, entendu ; **e.** vu, entendu ; **f.** entendu ; **g.** entendu ; **h.** entendu.

2 **2.1** c ; **2.2** a ; **2.3** b ; **2.4** a ; **2.5** b ; **2.6** c.

3 **3.1** Monsieur Boivin, quelle est l'origine de Cobra/votre société/votre entreprise ?

3.2 Quel est le métier de Cobra ? / Que fabriquez-vous ? / Quels produits fabriquez-vous ?/

3.3 Combien de personnes employez-vous ? / Quels sont les effectifs de votre société ?

3.4 Pourquoi avez-vous choisi/décidé de vous introduire en Bourse ?

4 regroupement / site / chiffre d'affaires / doter / ambitions / place forte / représente.

5 Né en 1974, du regroupement de quatre fabricants (2 de Besançon).

Besançon : 150 personnes, Maurice : 650 personnes.

Industrie horlogère (marché de l'équipement), grand public (marché du renouvellement)

120 MF (millions de francs) - 66 %.

Europe, Asie du Sud-Est.

6 La société Cobra fabrique des bracelets pour montres. Elle est née en 1974, à Besançon, du regroupement de quatre fabriquants qui voulaient développer leurs ventes à l'exportation.

Elle emploie actuellement 800 personnes : 150 à Besançon et 650 à Maurice.

Ses marchés sont ceux de l'industrie horlogère (le marché de l'équipement) et du grand public (le marché du renouvellement).

Le chiffre d'affaires de la société s'élève à 120 MF.

Les exportations représentent 66 % de ce chiffre. Elles se font principalement sur l'Europe et l'Asie du Sud-Est.

Réunion technique

1 *efficace, dynamique* : il n'y a pas de temps perdu, les participants connaissent leur sujet et ont préparé la réunion ;

informelle : les deux personnes s'appellent par leurs prénoms ;

autoritaire : le P-D.G. conduit la réunion et prend seul les décisions.

2 **2.1** b ; **2.2** c ; **2.3** b ; **2.4** b ; **2.5** a ; **2.6** a.

3 porter, de, à / sommes / à, pièce / il y en a / une enveloppe / ça fait / divise.

4 150 000 à 200 000 / 200 000

- 100 000
  30 000
  30 000
  40 000
- 4 x 50 000 = 200 000 F
  120 000 F
  45 000 F
  4 x 93 750 * = 375 000 F
  3 x 70 000 F = 210 000 F
  350 000 F

*le coût des 4 machines pour le parage peut être déduit en retranchant du total de 1 300 000 francs les montants suivants : 200 000 F, 120 000 F, 45 000 F, 210 000 F, 350 000 F, ce qui donne 375 000 F, à diviser par 4 (il y a 4 machines), soit un prix unitaire de 93 750 F.

5 En 1993, le nombre de stylos produits s'est élevé à 100 millions. Il devrait atteindre 150 millions en 1994, ce qui représentera une progression de 50 %. Les 100 millions d'unités se répartiront de la manière suivante
- 50 % de couleur noire,
- 30 % de couleur bleue,
- 20 % de couleur rouge.

Le coût de production, qui était de 10 francs les 10 unités, restera stable.
Les exportations devraient augmenter fortement en Europe et en Asie. Elles devraient se maintenir au même niveau sur le continent américain et régresser légèrement dans le reste du monde.

7

Besançon, le ...

Jean-Claude Zuczeck
Directeur de fabrication
à
Découpe SA

Messieurs,

Pourriez-vous nous envoyer un devis concernant les matériels suivants :
- 4 machines pour coupé franc,
- 1 machine pour refendage,
- 1 cisaille,
- 4 machines pour parage,
- 3 machines pour formage,
- 1 machine à poste double pour agrafage.

Etant donné l'importance de la commande, je pense que vous pourrez certainement nous accorder une remise sur votre tarif de base.

Je vous prie d'agréer, Messieurs, l'expression de mes salutations distinguées.

Jean-Claude Zuczeck

Lyon, le ...
x
Directeur des ventes
à
Jean-Claude Zuczeck
Directeur de fabrication

Monsieur,

Nous avons bien reçu votre lettre du ... et nous vous remercions de la confiance que vous nous témoignez.

Vous trouverez ci-joint un devis concernant les machines que vous souhaitez acquérir, ainsi que notre tarif général.

Je suis au regret de ne pouvoir vous consentir de remise sur une éventuelle commande, étant donné la faible marge bénéficiaire que nous réalisons sur ce type de matériel.

Je voudrais toutefois signaler à votre attention que nos prix n'ont pas augmenté depuis un an, comme vous pourrez le constater en consultant notre tarif.

Je reste à votre disposition pour vous fournir tous renseignements complémentaires.

Je vous prie d'agréer, Monsieur, l'assurance de mes sentiments dévoués.

x

Réunion technique et commerciale

1 **1.1 a.** représentant commercial (car il évalue les prototypes et interroge le styliste), **b.** directeur commercial (car il anime et arbitre la réunion), **c.** styliste (car elle présente les prototypes de bracelets), **d.** styliste (car il répond à une question du représentant commercial ; le style de sa chemise constitue également un indice).

1.2 *ordonnée :* le directeur commercial (centre droit) anime la réunion et distribue les tours de parole ;

conflictuelle : le représentant commercial et la styliste ne semblent pas du même avis ;

dynamique : il n'y a pas de temps mort.

2 **2.1** a, **2.2** b, **2.3** b, **2.4** c, **2.5** b.

3 **a.** “Marie-Noëlle”, “vous”; **b.**”Vous”, “Monsieur Cola”, ; **c.** “vous” ; **d.** “tu”, “Michel.

Les quatre personnes présentes ne s’adressent pas la parole de la même manière (formelle, semi-formelle, familière) et certaines ne s’adressent pas directement la parole : les deux stylistes avec le représentant commercial. Seul le directeur commercial s’adresse à tout le monde, car il anime et dirige la réunion.

4 **4.1** Est-ce que ça correspond à la demande ? / Oui je crois que tu les as rencontrés Michel non ? / C’est ça ? / C’est un problème ? / Le seul problème qui resterait en suspens / Essayez donc de négocier … leur faire accepter / OK.

4.2 Avez-vous vérifié la conformité …? / une petite critique néanmoins / au niveau du client l’essentiel c’est / si … le produit est conforme mon client acceptera / le dernier point c’est / tout à fait.

4.3 Le client a accepté / de ce côté pas de problème / non / le client l’a accepté / Nous avons été obligés de coudre / on a eu des problèmes mais maintenant c’est réglé / oui effectivement on est obligés de passer …/ ça les essais ont été faits il n’y a pas de problème tous les tests ont été réalisés jusqu’aux tests U.V.

5 **5.1** Le directeur commercial : intervient pour faire avancer la résolution des problèmes.

5.2 Le représentant commercial : formule des critiques destinées aux stylistes et est préoccupé par la réaction de ses clients.

5.3 Les stylistes : affirment avoir résolu tous les problèmes et M. -N. Germain semble légèrement énervée par les critiques de Patrick Cola.

6 (A) pourtant ; (B) peut-être, mais ; (B) Bien sûr ; (A) effectivement.

Choix stratégiques

1 **a.** entendu ; **b.** vu ; **c.** vu, entendu ; **d.** entendu ; **e.** vu, entendu ; **g.** vu, entendu ; **h.** vu, entendu ; **i.** entendu ; **j.** vu, entendu ; **k.** vu, entendu ; **l.** vu, entendu ; **m.** entendu.

2 **2.1** c ; **2.2** a ; **2.3** a ; **2.4** c ; **2.5** b ; **2.6** c ;

3 **3.1** Pourquoi avez-vous implanté une filiale à l’Ile Maurice ?

3.2 Comment se répartit le travail entre les sites de Besançon et Maurice ?

3.3 Comment vous situez-vous sur le marché ? / Quel est votre positionnement sur le marché ?

3.4 Que faites-vous pour conserver/maintenir votre positon de leader ?

3.5 Quels sont vos objectifs ?

4 Les réponses 1 et 5 commencent par “eh bien”. Cette expression, de même que “alors” doit être interprétée comme un signe que l’on a bien entendu la question et que l’on va y répondre. Elle permet également de gagner du temps avant de répondre.

5 Argumentation : en effet / et que pour que… / bien entendu / mais je voudrais signaler…

Présentation : entre nos deux sites / en amont et en aval / au centre / en amont / revient / sur nos deux marchés…/ entre les deux sites…

6 **6.1** en raison de / bien entendu / mais seulement / haut de gamme / par contre / milieu de gamme.

Séquence initiale de présentation

1 **a.** entendu, **b.** vu, entendu, **c.** entendu, **d.** vu, entendu, **e.** entendu, **f.** entendu, **h.** entendu.

2 **2.1** Elles portent un uniforme : blouson pour celles qui travaillent dans le bureau, directeur, inclus ; blouse pour celles qui travaillent dans les ateliers.

2.2 Le bureau est de type ouvert : aucune cloison. Il s'agit de favoriser les flux de communication.

3 **3.1** a ; **3.2** b ; **3.3** b ; **3.4** c ; **3.5** b.

4 0,25 MF ; 10 MF -

139, 250-300 -

24 MF, 100 MF

15 %, 50 %.

5 **a.** Je m'appelle, Je m'occupe, Il s'agit, créée, reprise ; **b.** métier, fabriquer, occupons, secteurs, grand public, professionnel **c.** constituée, capital.

6 **a.** avons démarré, sommes à, avons procédé ; **b.** étions, sommes, dirai, à ; **c.** sera de, avons multiplié, réalisons.

La présentation est de type personnel : la personne qui parle utilise les pronoms "nous" et "je", ainsi que des adverbes de temps qui renvoient au moment où elle parle : "aujourd'hui", "cette année, "actuellement".

Elle est un peu familière, de par l'emploi de certaines expressions : "Nous avons démarré avec", "nous sommes à", "nous étions", "nous sommes", "je dirai", "sera de", "export".

7 **a.** démarré ; **b.** de procéder à une augmentation de capital ; un apport en numéraire ; **c.** en fonction de la charge ; **d.** reprendre ; **e.** portée à.

8 Suite à une augmentation de capital, il est en 1991 de 10 MF*. Les effectifs, qui étaient de 139 personnes au départ, oscillent entre 250 et 300 personnes en fonction de la charge. Le chiffre d'affaires a été multiplié par 4 entre 1988 et 1991, passant de 24 MF à 100 MF. 15 % de celui-ci est réalisé à l'exportation. (* MF = million de francs).

Fabrication

1 **1.1** c ; **1.2** b ; **1.3** b ; **1.4** a.

2 **2.1** b ; **2.2** a ; **2.3** b ; **2.4** c ; **2.5** b ; **2.6** a
Remarque : il n'est pas dit explicitement dans la séquence que les cartes-mères sont installées chez le fabricant des photocopieurs. On peut cependant le déduire car Monsieur Génestier parle uniquement de fabrication et de vérification des cartes.

3 Tout à fait, absolument, oui, oui justement, bien sûr.

4

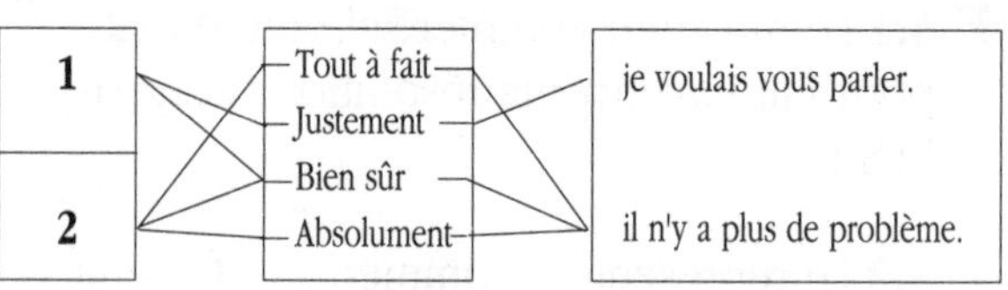

5 Au cours de ma visite d'un atelier de SM2E en compagnie de Monsieur Génestier, le directeur commercial, j'ai pu voir la fabrication de cartes-mères pour photocopieurs.

L'insertion des composants se fait automatiquement, au rythme de 12 000 à 14 000 composants à l'heure, sur une machine à chargement manuel.

Après cette opération, l'opérateur ou l'opératrice procède à un contrôle visuel de présence sur 100 % des cartes, de façon à garantir la qualité.

Les composants utilisés proviennent, à part égale, d'Europe et d'Asie.

Démarche commerciale (1ère partie)

1 **a.** F, **b.** V, **c.** F, **d.** V, **e.** V

2 **2.1** a ; **2.2** c ; **2.3** b ; **2.4** b ; **2.5** a

Remarque : Marie Evaristo considère que la proximité des fêtes de fin d'année est un problème important pour livrer le client.

3 *Explication :* à ce moment-là, du fait que, en fonction de, parce que

Confirmation : tout à fait, justement

Opposition : quand même

Consécution : et puis, une fois que

La présence de ces connecteurs est due au fait que les deux personnages tentent de résoudre un problème commun, mais qu'ils ne voient pas la situation de la même manière : Marie Evaristo le perçoit de façon plus négative que Gérard Génestier qui lui propose une solution.

4 A3, B1, A1, B3, A4, B2, A2

5 Le personnage A occupe une situation hiérarchique supérieure à celle de B, à qui il demande implicitement de démissionner.

6

Messieurs,

Suite à votre fax du ...... concernant une livraison pour Noël, et après vérification de notre part, il s'avère que nous avons reçu vos composants avec un certain retard.

Je ne peux donc vous garantir que nous pourrons vous livrer les quantités demandées dans les délais que vous souhaitez.

Soyez toutefois persuadés que nous ferons le maximum pour satisfaire votre demande.

Avec nos salutations dévouées.

Service commercial.

Démarche commerciale (2e partie)

1 **a.** entendu ; **b.** entendu ; **d.** vu, entendu ; **e.** vu, entendu ; **g.** vu, entendu ; **h.** entendu.

2 Düsseldorf, Londres / Singapour / Etats-Unis /

internationale / délais, prix, produits.

3 résolument, monde entier, démarche ... totalement internationale, dès le début, un plus par rapport à nos concurrents, peu de nos concurrents ont une démarche aussi internationale que la nôtre, démarche originale, démarche qualité, qualité.

4 Le chiffre d'affaires, qui était de 100 MF en 1992, en progression de 20 MF par rapport à 1991, a atteint 150 MF en 1993, soit une progression de 50 %.

La part du C.A. réalisée à l'exportation a connu pour sa part une augmentation tout à fait remarquable, passant de 14 à 24 MF en un an.

Les bénéfices ont quant à eux plus que doublé par rapport à l'exercice précédent : 17 MF contre 8 MF. Enfin, le titre a atteint le niveau record de 1 100 F franchissant ainsi la barre symbolique des 1 000 F.

Formation

1 **1.1** c ; **1.2** b ; **1.3** a ; **1.4** a.

2 *Remarque :* les mots donnés entre parenthèses n'ont pas été employés par M. Dornier, mais conviennent également.

a. consacrera (consacre) ; **b.** L'exercice, s'est soldé ;
c. ont dépassé (ont excédé) ; **d.** instaurer (établir, développer) ; **e.** ont rejoints ;
f. validée (signée, avalisée, visée) ; **g.** Le taux de rotation ; **h.** chaîne ; **i.** une branche d'activité (un secteur)

4 SM2E fait de la formation un de ses objectifs prioritaires. Cela se traduit par un budget qui représente 4,5 % de la masse salariale pour l'exercice 91, alors que l'obligation légale n'est que de 1,2 %.

La formation s'effectue en deux temps :

– 15 jours en salle, sous la direction d'un formateur ;

– 15 jours en atelier où la stagiaire complète sa formation en étant encadrée par deux ouvrières spécialisées, dont l'une : la marraine, pourra corriger les erreurs commises par la stagiaire.

Perspectives

1 **1.1** c ; **1.2** a ; **1.3** a ; **1.4** c.

2 **1.1** horaires (fixes) choisis par référendum du personnel

1.2 développement de l'esprit "qualité totale"

2.1 utilisation 24 h / 24 de l'équipement lourd

2.2 optimisation des capacités individuelles

3 **a.** se traduisent / se matérialisent ; **b.** repose / s'appuie ; **c.** optimale ; **d.** assignés / fixés ; **e.** logique de consensus ; **f.** chargé (e) / investi (e) ; **g.** conséquentes / importantes ; **h.** va de pair avec / s'accompagne de.

Séquence initiale de présentation

1 **1.1** Dans une région de montagnes, pendant l'hiver (il y a de la neige).

1.2 Il s'agit du nom de famille du fondateur : Louis-Félix Lamy, qui a débuté en vendant des lunettes.

1.3 Des deux façons : on voit des ouvrières qui travaillent manuellement et d'autre part, de la CAO (conception assistée par ordinateur), ainsi qu'une machine à fonctionnement automatique.

2 **2.1** b, **2.2** c, **2.3** a, **2.4** b, **2.5** b (L'Amy vient de racheter 2 sociétés)

3 1981 / 17,5 MF / 25 % / 635 MF / 900 MF / Morez / Paris / Allemagne, Angleterre, Espagne, Italie, Etats-Unis.

4 est devenu / s'élève à / se trouve / emploient / est implanté / s'effectue (se fait) / s'est élevé à (a été de) / atteindra

Création

1 **1.1** b, d, f, c, a, e.

1.2 d, g, a, c, b, e, f.

1.3 b, c, a.

2 **2.1** a, **2.2** b, **2.3** a.

3 **a.** partir, **b.** des charges, **c.** comporte (se compose de, comprend) **d.** caractéristiques (normes) respecter, **e.** donne (fournit), **f.** répartir (partager), **g.** phases (étapes), **h.** investissements, **i.** durée de vie, **j.** tendances (évolutions) , anticiper, **k.** lancer, **l.** se traduire, **m.** approuvées (validées, avalisées), **n.** cible consommateur.

4 **b.** maquettage, **c.** test commercial, **d.** phase industrielle, **e.** prototypage.

Présentation d'un produit

1 **1.1** à gauche : responsable du service des ventes de L'Amy / à droite : acheteur (grossiste).

1.2 Pour faire une démonstration à l'acheteur / pour vérifier si l'opération est facile.

1.3 Une boîte de face de lunettes, une PLV (présentation à la vente).

2 **2.1** b, **2.2** a, **2.3** c, **2.4** c.

3 **a.** le fameux modèle / c'est un nouveau modèle / je le qualifierai même d'assez révolutionnaire / ça marche très simplement / très facilement sans aucun problème.

b. on a prévu… pour justement expliquer / alors ça c'est très important / il faut qu'il y ait … donc il y a … et il y a.

4 Il s'agit d'un / Il a l'aspect d'un / ne fait que / la constatation / Je vous montre / vous utilisez / je vous fais une démonstration / vous avez / C'est un / comme vous pouvez le constater / l'ensemble / ne coûte que.

6 Le modèle “Modulation” repose sur le concept suivant : la cliente ou le client achète une monture en métal et un certain nombre de faces en plastique de couleurs différentes qui viennent se fixer très simplement sur la monture unique. Cela permet d'obtenir une paire de lunettes dont l'aspect change avec chaque face.

7 Changez de lunettes sans changer de verres !

Changez de lunettes comme vous changez de vêtements !

Des lunettes assorties à vos vêtements !

Des lunettes assorties à votre humeur du moment !

Distribution

1 **1.1** b, **1.2** b, **1.3** a, **1.4** c (cette information n'est pas donnée explicitement, elle se déduit des propos de Monsieur Mairot), **1.5** b, **1.6** a, **1.7** c.

2 **a.** coût total, **b.** coût stocks, **c.** coût transport, **d.** usine, **e.** distribution en gros, **f.** distribution de détail (par les opticiens), **g.** consommateur final.

3 Morez -> Paris -> Dijon.

Morez -> Paris -> Lyon.

Morez -> Paris.

Morez -> Paris -> Rennes.

4 **a.** par conséquent, de sorte que, donc ; **b.** donc, parce que.

5 **a.** donc, **b.** à cause de, **c.** par suite de, **d.** aussi, **e.** étant donné, **f.** alors.

6 **a.** s'expliquer par, **b.** cause, **c.** est dû à, **d.** a provoqué, **e.** résulte de, **f.** entraîner

7 **a.** constituer des stocks, **b.** approvisionner, **c.** réseau de distribution, **d.** livrer, **e.** dépôt, **f.** détaillant, grossite, **g.** rupture de stock.

Stratégie

1 **a.** vu, entendu, **c.** vu, entendu, **d.** vu, entendu, **e.** vu, entendu, **g.** vu, entendu, **i.** vu, entendu, **j.** vu, **k.** entendu, **l.** vu.

2 Allemagne, Espagne, Etats-Unis, Italie, Suède, Suisse.

3 **a.** V, **b.** F, **c.** F, **d.** V, **e.** V.

4 Quel pourcentage (quelle proportion) de votre production exportez-vous ?

Pourquoi avez-vous décidé (choisi) d'introduire votre société en Bourse ?

Pour quelle raison fabriquez-vous des lunettes portant le sigle W.W.F ?/. Vous fabriquez bien des lunettes portant le sigle W.W.F.?

5 **a.** décrocher, **b.** cotée, **c.** introduction, **d.** tour de table, **e.** une augmentation, **f.** rentabiliser, **g.** participations.

6 **a.** faire partie du peloton de tête, **b.** promouvoir la rentabilité, **c.** désenclaver des minoritaires, **d.** opérations de grande envergure, **e.** une pénétration accrue du marché.

Séquence initiale de présentation

1 **a.** F, **b.** V, **c.** V, **d.** F, **e.** V, **f.** F.

2 **2.1** a, **2.2** a, **2.3** c, **2.4** b, **2.5** b.

3 **a.** concessionnaires, **b.** cahier des charges, **c.** gamme, **d.** étoffer, **e.** performant.

Prise de contact

1 **1.1** c, **1.2** a, **1.3** c.

2 **2.1** b, **2.2** a, **2.3** b, **2.4** c.

3 **3.1** 2e, la plus courante.

3.2 3e, la 1ère comporte trop de répétitions et la 2e est impolie.

3.3 2e, la seule polie.

3.4 1ère, la 2e est de style militaire et la 3e ne constitue pas une réponse à la question.

3.5 1ère, elle répond avec précision et concision (quel nom) à la demande.

3.6 2e, elle est cohérente avec 3.3 (…“dans une heure chez vous”…).

Présentation de matériel

1 **1.1** Trois, **1.2** Ils sont de tailles différentes, et croissantes au fur et à mesure de la présentation, **1.3** Pour montrer un modèle qui n'est pas exposé à l'agence, **1.4** Il montre à l'acheteur la taille réelle de l'ordinateur présenté dans le magazine.

2 **a.** vu, entendu, **b.** entendu, **c.** vu, entendu, **e.** entendu, **f.** vu, entendu, **g.** entendu, **h.** vu, entendu.

3 **3.1** b, **3.2** a, **3.3** c, **3.4** c, **3.5** a.

4 *Verbes :* se trouve, vous avez (le modèle), je vais… vous montrer, vous avez … devant vous, nous avons… qui viennent de sortir, qui se présente (sous la forme).

Noms : d'entrée de gamme, le modèle, du milieu de gamme, cette machine, dans le haut de gamme, deux modèles.

5 deux fois plus de… que, à peu près le même niveau de, par contre, de taille supérieure, le plus puissant de, ce même type d', à peu près deux fois plus.

6 **6.1** Je vous présente, voici, **6.2** modèle, **6.3** se présente sous, a, **6.4** il est possible de, vous pouvez, **6.5** d'une part… d'autre part…, d'abord… puis, **6.6** une gamme complète.

7 **7.1** plus de… que, **7.2** même, **7.3** les plus, **7.4** aussi… que

Projet d'équipement

1 **a.** F, **b.** F, **c.** V, **d.** V, **e.** F, **f.** V.

2 **2.1** b, **2.2** b, **2.3** c, **2.4** c, **2.5** a.

3 A1 voilà, je dois / B1 est-ce que vous pouvez me dire, type.

A2 il s'agit de, j'ai besoin/ B2 est-ce que vous désirez.

A3 d'une part… et d'autre part / B3 autrement dit.

A4 je m'explique / B4 c'est-à-dire que.

Référence

1 **1.1** Monsieur Ripoche, le vendeur,
1.2 Monsieur Dupont, l'acheteur,
1.3 Monsieur Cachot, du Conseil Régional,
1.4 Monsieur Dupont,
1.5 Monsieur Ripoche,
1.6 Monsieur Cachot.

Remarque : M. Ripoche, le vendeur, intervient peu et laisse M. Cachot faire la démonstration. Il ne cherche pas à influencer de façon trop ouverte son client.

2 **2.1** b, **2.2** a, **2.3** b, **2.4** c.

3 **3.1** installé, **3.2** s'occupent, **3.3** intervenir, **3.4** traiter, **3.5** de maintenance, **3.6** service après-vente.

4 **4.1** logiciel, **4.2** réseau, **4.3** traitement de texte, **4.4** tableur, **4.5** base de données.

Présentation du devis

1 **a.** F, **b.** V, **c.** F, **d.** V, **e.** V, **f.** F, **g.** V

2 **2.1** b, **2.2** c, **2.3** a, **2.4** c, **2.5** a, **2.6** b, **2.7** a. (**2.3** : 5 000 F x 6 = 30 000 F, + 10 000 F)

3 Poste bureautique :
Macintosh si : **6**

Poste de traitement d'image :
Quadra 900 : **1**

Écran A4 monochrome
(pour Macintosh si) : **6**

Moniteur 21 pouces couleur
(pour Quadra 900) : **1**

4 **4.1** un devis, correspond, modifierai, **4.2** budget, consentir, marge, **4.3** incluse, en plus.

5 **1**. i, **2.** h, **3.** e, **4.** g, **5.** b, **6**.c, **7.** a, **8.** d, **9.** f.

6

Besançon, le ....

M. Bruno Ripoche
à
M. Gérard Dupont
Centre de Calcul
Université de Franche-Comté.

Monsieur,

Suite à notre entretien du ...., veuillez trouver ci-joint un nouveau devis concernant votre projet d'équipement.

Ce devis intègre les éléments suivants :
- augmentation du nombre de connexions Vax,
- reprise de 7 terminaux,

Je reste à votre disposition pour vous fournir tout renseignement complémentaire.

Je vous prie d'agréer, Monsieur, l'expression de mes salutations dévouées.

Bruno Ripoche

Séquence initiale de présentation

1 **a.** vu, entendu, **b.** entendu, **c.** vu, entendu, **d.** entendu, **e.** vu, entendu, **f.** vu, entendu, **g.** vu, **h.** vu, entendu, **i.** vu, entendu, **k.** vu, entendu, **l.** vu.

2 **2.1** c, **2.2** a, **2.3** b, **2.4** b, **2.5** c, **2.6** a.

3 **a.** couvre, **b.** atouts, **c.** filiale, **d.** crédit-bail, **e.** succursale, **f.** services sur mesure

4 *Adverbes* : fortement, très, de tout temps, au plus près, plus que ça, mieux, également, aussi, spécialement, pas seulement.

Verbes : développer, permettent, proposons, mettre à la disposition, favoriser, sommes présents.

5 CIAL : Crédit Industriel d'Alsace et de Lorraine

Date de fondation : 1919.

Fondateur : Jean Wenger-Valentin

Implantation : Alsace, Lorraine, Franche-Comté

Membre du groupe bancaire CIC

Atouts :
- enracinement régional
- expérience des échanges avec les pays limitrophes : Allemagne, Luxembourg, Suisse.
- système de prise de décision décentralisé

Services sur mesure :
- export
- ingénierie financière
- transmission de patrimoine
- financement des équipements
- prestations informatiques

Démarche n°1

1 **a.** F, **b.** V, **c.** V, **d.** F, **e.** F, **f.** V.

2 **2.1** b, **2.2** c, **2.3** a, **2.4** c, **2.5** a, **2.6** c

3 **a.** faire part, **b.** apporter, **c.** m'engage à, **d.** présente, **c.** accomplies, **f.** mettre en rapport avec, **g.** acquérir, **h.** versé.

4 oui, en effet, merci, nous avons une solution à vous proposer, tout à fait, bien sûr, il n'y a aucun problème.

Démarche n°2

1 **a.** V, **b.** V, **c.** F.

2 **2.1** a, **2.2** a, **2.3** b, **2.4** b, **2.5** c.

3 **3.1** c, **3.2** a, **3.3** b, **3.4** b, **3.5** c, **3.6** a.

4 **4.1** - Si elle travaillait, c'est-à-dire si elle vendait beaucoup dans des pays de la zone dollar, car ses recettes en dollars lui permettraient de rembourser un prêt fait dans cette même devise.

– Si le dollar avait une parité élevée par rapport au franc au moment de la signature du prêt, et que le dollar perde ensuite de sa valeur par rapport au franc, le coût en francs diminuerait alors.

4.2 1 %, c'est-à-dire la différence entre 10,80 % (le taux auquel il est disposé à faire le prêt, et 9,80 % (le taux du franc au jour le jour, qui est celui auquel il peut trouver des capitaux).

4.3 - Elle affirme avoir obtenu d'un autre établissement un taux de 9,25 %, alors qu'on lui propose aujourd'hui 10,80 %.

– L'importance du montant du prêt, ce qui va se traduire par un bénéfice important pour la banque.

– La solidité financière de son entreprise : la banque est assurée d'être remboursée.

– Sa fidélité à cette banque. Cependant, il semble qu'elle ait un compte dans un autre établissement, car elle affirme avoir obtenu auparavant un autre prêt à 9,25 % et on peut supposer que ce n'est pas auprès du même banquier.

– Un amortissement rapide de la machine, ce qui serait un avantage pour réaliser des bénéfices supplémentaires, qui contribuerait à la solidité de l'entreprise et donc à sa solvabilité.

4.4 Il va effectuer un montage de plusieurs prêts, dont certains ont un taux inférieur à 10,80 %. Le montage se composera par exemple :

– d'un prêt "classique" au taux de 10,80 %,

– d'un ou plusieurs prêts complémentaires à taux bonifié ou aidé destinés aux artisans (c'est la raison pour laquelle il demande à Madame Morel si son entreprise est inscrite au Registre des métiers).

4.5 Avantages : gain de temps et baisse du prix de revient grâce à la suppression de la sous-traitance.

Conséquence : embauche de personnel (trois personnes au minimum).

4.6 – Le coût élevé de la machine : 3 MF, par rapport au chiffre d'affaires de l'entreprise : 18 MF. Celle-ci va beaucoup s'endetter pour réaliser cet achat et cela risque donc de compromettre sa santé financière, d'où un risque pour la banque.

– La durée du prêt : qu'il préfère la plus courte possible : il souhaite qu'elle soit inférieure aux 7 ans demandés par Madame Morel, qui considère implicitement que 5 ans est une durée standard que son banquier a en tête.

Pour ce dernier, un prêt sur une longue durée présente des risques : d'une part solidité de l'entreprise dans le temps, d'autre part éventuelle évolution défavorable des taux d'intérêt.

5 Nous aurions besoin / vous souhaitez / je pense que c'est peut-être / vous pouvez peut-être / il est peut-être préférable / ce n'est pas vraiment un gros avantage / ce serait plus opportun / à quel taux pourriez-vous / je pense que /qui pourraient intervenir / je vous demanderai éventuellement dans la mesure du possible / ce qui serait quand même / permettrait.

6 Accord : hum, hum, effectivement, oui bien sûr, tout à fait, c'est ça, oui d'accord, très bien.

Désaccord, recherche de concession : quand même, mais…quand même, oui peut-être mais, tout de même, plutôt.

7 **7.1** tout à fait, **7.2** effectivement, **7.3** plutôt, **7.4** quand même, **7.5** d'accord.

8 **a.** étant donné, **b.** donc, **c.** compte tenu de, **d.** obliger, **e.** permettre, **f.** c'est pour ça que, **g.** en raison de

9 **1** b, **2** a, **3** e, **4** f, **5** c, **6** d.

10 **a.** financer, **b.** m'avancer, **c.** faire un emprunt, **d.** devises, **e.** La parité, **f.** taux, **g.** l'amortir, **h.** La rentabilité.

La France en peinture

1 a, c, d, f, h.

2 **a.** V, **b.** F, **c.** V, **d.** V, **e.** F.

3 3.5, 3.2, 3.1, 3.4, 3.3.

4 **4.1** nos différences, autant de … différents.

4.2 fait la différence.

4.3 renforcent, l'essor.

Etude du dossier

1 **a.** vu, entendu; **c.** entendu, **d.** entendu, **f.** vu, entendu, **g.** entendu, **i.** entendu, **k.** entendu, **l.** entendu, **n.** entendu.

2 **2.1** b (le banquier de Madame Morel annonce dans le film CIAL 1 qu'il doit présenter la demande de prêt à son directeur),.**2.2** c, **2.3** a, **2.4** c, **2.5** a.

3 *Points forts :* excellente rentabilité, économiser jusqu'à 2 000 000 de francs, investissement très rentable, la marge brute était déjà importante, elle sera encore meilleure, un apport personnel… ce qui est très bon, mais la société a une très bonne trésorerie… très bien supporter.

Points faibles : par rapport au montant… cela devient euh juste, l'importance de l'endettement par rapport euh aux fonds propres, au niveau de la trésorerie, la société devra le supporter.

4 **a.** le courant, **b.** les bons antécédents, **c.** juste ("juste" signifie ici "à la limite de ce qui est acceptable"), **d.** une caution, **e.** supportons, **f.** couvrent, **g.** L'endettement, **h.** nos fonds propres, **i.** payable à vue.

5 **a.** un nantissement, **b.** un apport personnel, **c.** une marge brute, **d.** une taxe professionnelle, **e.** une trésorerie, **f.** un bilan.

Service étranger

1 a, c, e, f, h.

2 **a.** V, **b.** F, **c.** V, **d.** F, **e.** V, **f.** V, **g.** V.

3 1ère réponse : tout d'abord, mais également.

2e réponse : grâce à, également, d'autre part, et également.

3e réponse : parmi, mais également, et également.

4e réponse : grâce au, également, et.

4 **a.** apporter/fournir ; **b.** règler/traiter ; **c.** faire/réaliser ; **d.** encourir/prendre ; **e.** prémunir/protéger.

5 **1** e, **2** d, **3** b, **4** a, **5** c.

Séquence initiale de présentation

1 **1.1** b, **1.2** b, **1.3** a, **1.4** b, **1.5** a, **1.6** a, **1.7** b, c.

2 **1** c, **2** e, **3** d, **4** b, **5** a.

3 **a.** confrères (concurrents), **b.** spécifique (propre), **c.** délais, **d.** record (exceptionnel), **e.** garantis (assure).

4 TNT express worldwide, c'est :

– une flotte de plus de 2 400 camions et 354 avions, dont 14 pour l'Europe ;

– une sécurité et une garantie totales, car nous ne sous-traitons aucune de nos prestations ;

– une gamme de services très complète, adaptée à tous les besoins : express aérien, routier, standard routier, avec dans tous les cas l'assurance du meilleur rapport qualité-prix.

Appel d'un client

1 a, c, e, f, i, j.

2 **2.1** b, **2.2** c (avantages : rapidité, inconvénients : limitation de taille des marchandises, qui doivent pouvoir entrer dans un igloo), **2.3** a, **2.4** b, **2.5** c.

3 Je voudrais faire une expédition mais j'ai des dimensions… de plus il me faudrait un délai très rapide / les dimensions en plus c'est 5 palettes et elles ne sont pas toutes pareilles / c'est quand même assez important / il faut que ça soit livré demain / oui mais alors attendez parce que je crois que vos prix n'incluent pas l'assurance / et puis bon le problème c'est que euh bon en plus de l'assurance… et ça me semble assez important…

4 **a.** mais, **b.** même si, **c.** de plus, **d.** malgré, **e.** pourtant, **f.** quand même.

5 **b.** igloo, **c.** code postal, **d.** palette, **e.** excéder, **f.** faire une cotation, **g.** inclure l'assurance, **h.** la valeur de la marchandise, **i.** faire une simulation, **j.** faire un geste commercial.

Recherche de la solution (1ère partie)

1 b, c, f, g, i.

2 **a.** F, **b.** V, **c.** V, **d.** V, **e.** F.

3 faire une expédition / enlever la marchandise / faire les démarches / transiter / dédouaner / livrer.

4 comme il a l'air… est-ce qu'il faut…,

je préférerais qu'… parce que …,

ça me semble… alors à ce moment-là…,

si on prend l'option… on arriverait…,

en faisant une préalerte… on pourrait livrer…,

il faut qu'il confirme… et comme ça…,

je te tiendrai au courant… pour que… (cette dernière construction exprime essentiellement le but).

Recherche de la solution (2e partie)

1 **1.1** b, **1.2** a, **1.3** b (l'aspect technique a été traité au cours de la séquence précédente).

2 **a.** F, **b.** V, **c.** V, **d.** F, **e.** V.

3 h, d, b, g, c, f, a, e.

4 **b.** la plaquette tarifaire ; **c.** une rupture de chaîne ; **d.** les coûts d'exploitation ; **e.** les directives ; **f.** être coincé (style familier).

6

> Monsieur,
>
> Ne pouvant vous joindre par téléphone, je vous communique par fax les éléments de la solution concernant votre expédition sur Lisbonne :
>
> – Livraison possible demain si vous confirmez l'enlèvement dans les 2 heures qui viennent.
>
> – Départ de la marchandise de Besançon : 18 heures.
>
> Nous vous offrons gratuitement le Service Plus, qui comprend :
>
> – le dédouanement prioritaire à Lisbonne ;
>
> – une livraison prioritaire, entre 11-13 h, au lieu de 17 h,
>
> – un contact permanent avec TNT Lisbonne au sujet de votre expédition ;
>
> – la confirmation de la livraison chez le client, dès qu'elle aura été effectuée.
>
> Si cette solution vous convient, pouvez-vous me rappeler le plus rapidement possible.
>
> Avec mes sentiments dévoués.

Réponse de TNT

1 a, c, e, g, i, j, l.

2 **2.1** c, **2.2** a, **2.3** c, **2.4** b, **2.5** a, **2.6** b.

3 **a.** un prix, un montant ; **b.** un écart, une différence ; **c.** arrive à, obtient ; **d.** comprend, inclut ; **e.** inclure, ajouter ; **f.** serons en mesure, pourrons ; **g.** reçu, réceptionné ; **h.** pourrais-je avoir, pourriez-vous me passer ; **i.** procédures, formalités.

4 *Crainte :* il y a quand même... apparemment..., j'ai un gros problème quand même..., c'est vrai que... et là j'ai peur que...

Volonté de rassurer : lorsqu'on vous dit ... nous sommes en mesure de..., on peut vous assurer... car nous avons la maîtrise, ... on vous garantit une livraison...

Service opérationnel

1 a, c, d, e, g, j.

2 **1** collecte des marchandises, **2** dépôt central, **3** saisie informatique, **4** tri des marchandises, **5** étiquetage des marchandises, **6** [camion], **7** [avion], **8** plateforme routière, **9** aéroport, **10** [avion], **11** plaque tournante européenne, **12** chargement pour destination finale, **13** [avion], **14** station TNT.

3 *Datation :* actuellement, vingt-et-une heures trente, avant une heure du matin, trois heures du matin, demain à sept heures.

Successivité : un deuxième cycle, maintenant (le mot signifie ici : "à ce moment-là"), l'étape suivante, la deuxième opération, (et) après, la dernière étape.

4 **a.** Quand / Dès que, Aussitôt que, **b.** maintenant/Avant, **c.** lorsque, quand **d.** pendant que, **e.** simultanément, en même temps.

Séquence initiale de présentation

1 Direction générale, Médias, Exécution, Production, Atrium, Documentation, Cafétéria, Salle de Réunion.

2 **2.1** b, **2.2** a, **2.3** b, **2.4** c, **2.5** c, **2.6** a, **2.7** b, **2.8** c.

3 **a.** locaux, **b.** tenir, **c.** sur place, **d.** retrouvons, **e.** sites, **f.** aux archives, **g.** l'accueil.

Visite chez un client

1 b, c, f, g, i.

2 **2.1** b, **2.2** a, **2.3** c, **2.4** c, **2.5** a.

3 Je souhaite vraiment qu'on rediscute…, véritablement on ne peut pas…, je vous rappelle… tout se resserre…, on ne peut pas effectivement…, j'aimerais qu'on rediscute…, je crois que c'est là… que vous devez chercher…

4 Attitude coopérative : bien sûr…, est-ce que vous savez dans quelle mesure…, là on pourrait éventuellement envisager…, ce qui permettrait de considérablement réduire le coût…, ce qui permettrait … de pouvoir… économiser, dès la semaine prochaine, tout à fait.

5 **a.** entériner une proposition ; **b.** réduire un poste ; **c.** tout se resserre sur nos marchés ; **d.** ce niveau, de tels niveaux de coût.

Exemples d'actions

1 b, c, e, g, i, j, k, l, n.

2 **a.** Normalement, on paie pour apprendre : il y a donc ici inversion des "idées reçues".

b. La tortue est synonyme de lenteur. Or ici on parle de "galop" : il y a donc "contradiction" et surprise. Par ailleurs, la tortue est un animal résistant et qui vit longtemps. Ces qualités : résistance et longévité doivent également être celles de la tuile.

c. Les magasins Carrefour permettent à chacun de trouver facilement le bonheur (dont Tahiti est un symbole difficilement accessible) au milieu de la monotonie et de la tristesse de la vie quotidienne.

d. En choisissant le Crédit Municipal, on choisit une banque qui n'est pas celle de tout le monde : les moutons. On fait ainsi bande à part. L'auteur de l'accroche a ici détourné l'expression "faire bande à part".

Pourquoi ? Quand ? Combien ?

1 **1.1** c, **1.2** a, **1.3** c, **1.4** a.

2 **a.** imposer ; **b.** stratégie ; **c.** pallier ; **d.** se cale ; **e.** consultant.

3 Pourquoi une entreprise doit-elle communiquer ?

Comment définit/établit-on une stratégie de communication ?

Combien coûtent vos services ?